Ulrich Schaffer

Wenn wir hoffen, sind wir stark

HERDER spektrum

Band 5445

Das Buch

Wir wünschen uns ein Leben, in dem Glücklichsein, Frieden, Erfüllung, Echtheit und Leidenschaftlichkeit zum Guten einen Platz haben. Ein solches Leben ist möglich. Wir wünschen uns ein Leben, in dem wir und unsere Kinder es gut haben – aber nicht auf Kosten anderer. Wir können etwas dafür tun, dass dies Wirklichkeit wird. Aber wie gestalten wir unseren Glauben an den Menschen? Wir wollen so leben, dass das Lebensförderliche sich ausbreiten kann: woher nehmen wir die Energie dafür?
Wenn wir hoffen, sind wir stark. Reife zeigt sich in der Krise: Wir können Courage haben und Hoffnung; Menschen sein, die sich etwas zutrauen und von der Zukunft etwas erwarten; die sich von der Kluft zwischen Anspruch und Wirklichkeit nicht entmutigen lassen. Wenn wir uns bemühen, das Aufbauende im Menschen zu fördern; wenn Beziehung uns wichtig ist und echte Kommunikation. Wenn wir bei uns selbst beginnen, an unserer eigenen Veränderung arbeiten, unseren Haltungen, Einstellungen und Gewohnheiten. Wenn wir so leben, als ob alles an uns liegt, weil wir begriffen haben, dass es tatsächlich an uns liegt. Dann haben wir Mut für die Zukunft, überlassen das Leben und die Welt nicht den anderen.
Ulrich Schaffers engagiertes Buch, das herausfordert, der Menschlichkeit und Liebe, der Echtheit und dem Glück, dem Tun und dem Segen Raum zu geben im eigenen Leben. Ein Buch, das Mut macht und das zeigt: es kommt auf dich an – nicht nur für dich selbst.

Der Autor

Ulrich Schaffer, geb. 1942, lebt seit 1953 in Kanada, freiberuflicher Schriftsteller und Fotograf. Lesereisen führen ihn zweimal im Jahr nach Deutschland, wo er Kontakt mit seinem Publikum hält. Bei Herder Spektrum: Verwurzelt wie der Baum oder Wachsen ins Leben, Bd 5184; Sammle mir Kiesel am Fluß, Bd 5001; Wenn die Stille spricht, Bd 5038; Wesentlich werden, Bd 5043; und Khalil Gibran, Der Prophet, Übertragung ins Deutsche, Bd 5089.

Ulrich Schaffer

Wenn wir hoffen, sind wir stark

Das Buch der Zuversicht

HERDER

FREIBURG · BASEL · WIEN

Gedruckt auf umweltfreundlichem,
chlorfrei gebleichtem Papier

Originalausgabe

www.herder.de
Satz, Layout und Graphiken: Ulrich Schaffer
Herstellung: fgb · freiburger graphische betriebe 2004
www.fgb.de
Umschlaggestaltung: R·M·E München,
Roland Eschlbeck, Liana Tuchel
Umschlagbild: © Ulrich Schaffer
ISBN 3-451-05445-0

Ich habe Sehnsucht nach dir

Ich habe Sehnsucht nach dir,
der du die Welt erhalten willst, wie ich.
Es ist unser Auftrag,
weil wir Menschen sind.
Ich will Pläne mit dir machen,
wie wir Wege ins Leben finden können.
Allein ist es manchmal zu schwer.
Ich brauche deine Unterstützung,
ich benötige das Feuerwerk
unserer gemeinsamen Gedanken.

Dies ist unsere Wache.
Weil wir hier und jetzt leben,
sind wir als Wächter bestimmt.
Unsere ganze Aufmerksamkeit ist nötig.
Sie, gepaart mit Hoffnung,
gibt mir Zuversicht,
dass die Welt zu retten ist.

Wenn wir hoffen, sind wir stark

Dieses Buch ist in kurzer Zeit entstanden, nachdem es lange in verschiedenen Formen in meinem Kopf und in meinem Herzen gelebt hat. Es ist der Wunsch, mich in unserer Welt, der Welt von 2004, und in den Jahren, die vor uns liegen, zurecht zu finden. Als vor fünfzehn Jahren die Mauer fiel, dachte ich, wie viele, dass ein neues Zeitalter anbrechen würde. Und das ist in gewisser Weise auch geschehen. Was wir aber nicht ahnten, war, mit wie vielen Geburtswehen wir in ein neues Zeitalter einziehen würden. Der 11. September 2001 hat uns gezeigt, wie verletzbar wir sind und wie wenig wir uns selbst kennen. Dann kam Afghanistan und der Krieg im Irak. Was haben wir gelernt und was lernen wir noch? Ist es Zeit, die Hoffnung für den Menschen aufzugeben und die Zeilen von Günter Eich „Denke daran, dass der Mensch des Menschen Feind ist / und dass er sinnt auf Vernichtung" zu wiederholen und es dabei zu lassen? Oder gibt es eine Sicht der Welt, bei der sich vielleicht doch noch das Leben und das Lebensförderliche ausbreiten können? Wenn ja, woher holen wir dann die Energie, so zu leben? Wie gestalten wir unseren Glauben an den Menschen und wie machen wir es, dass mitten in der Zerstörung und Hoffnungslosigkeit noch ein Feuer für die Hoffnung brennt?

Zunehmend mehr werden die Menschen, die noch hoffen, lieben und glauben, als simpel betrachtet – „Sie sehen den Tatsachen nicht ins Auge, sie sind blauäugig!" Es ist anstrengender geworden, mit Hoffnung zu leben. Die Schere geht immer weiter auseinander: Auf der einen Seite werden die persönlichen und globalen Probleme immer größer, und auf der anderen Seite gibt es immer weniger, was wir dagegen zu setzen haben. Manchmal sehen wir vielleicht sogar eine Lösung, haben aber nicht den Mut sie zu versuchen, weil sie nicht dem Zeitgeist entspricht.

Unsere Gesellschaft hat ihre Werte verloren. In unserem Pluralismus und der Angst, einen anderen Menschen zu beurteilen, haben wir eine Welt geschaffen, in der für viele alles so grau und substanzlos ist, so ohne feste Zusage und ohne eine Vorstellung für ein erfülltes Leben, dass sie nicht mehr zu leben wissen. Wir sind die erste Generation, die ihren Kindern zwar die „politisch korrekte" Art zu handeln beibringt, ihnen dabei aber wenig Lebenserfüllung vermittelt, weil wir diese selbst oft nicht mehr gesucht und schon gar nicht gefunden haben.

Die Institutionen unserer Gesellschaft richten sich nach der öffentlichen Meinung und diese richtet sich mehr und mehr nach dem, was bequem und wenig anstrengend ist. Mir scheint es jetzt wichtiger denn je zu sein, einen Einsatz zu liefern. In diesem Bereich geschieht nichts von selbst. Wir müssen uns für einen gewissen Lebensstil entscheiden und dürfen uns nicht durch Niederschläge und missliche Umstände entmutigen lassen.

Ich glaube, dass sich die Bevölkerung in den westlichen Ländern in drei Lager teilen lässt. Es ist eine Vereinfachung, und doch kann sie uns etwas deutlich machen.

1. Es gibt die, die unzufrieden sind, gern schimpfen und lästern, denen es aber zu anstrengend ist, etwas für die persönliche oder globale Veränderung zu tun. Ihr Leben ist gekennzeichnet von Verdruss, Stress und einer Unzufriedenheit, die sich oft gegen jeden und alles richtet. Vielleicht ist dies die größte Gruppe in unseren Ländern. Diese Menschen wundern sich, dass alles so ist, wie es ist, und suchen dafür die Schuldigen. Schuld zuzuweisen ist wie ein Lebenssport für sie geworden. Klagen ist ihr Hobby. Negatives Denken ist ihnen vertraut und darin können sie sich ausruhen.

2. Die zweite Gruppe besteht aus denen, die ähnlich wie die erste Gruppe die Missstände wahrnehmen, aber auch mögliche Lösungen sehen. Doch Hoffnungslosigkeit regiert auch sie. Sie machen Sprüche wie „Es hat ja doch keinen Zweck" oder „Es bringt nichts". Sie wollen nicht simpel und blauäugig erscheinen mit ihren Lösungsmöglichkeiten. Sie setzen sich nicht ein. Ab und zu machen sie Versuche ihre eigene Welt zu verändern. Sie nehmen sich eine neue Haltung vor, aber bei der nächsten Krise siegt wieder ihre Hoffnungslosigkeit. Ihr Leben ist von Zwiespältigkeit und Unsicherheit gekennzeichnet. Sie fühlen sich beschwert.

3. Die dritte Gruppe ist sicherlich die kleinste, aber deshalb nicht die schwächste – im Gegenteil. Die Menschen dieser Gruppe sind von einer tiefen Stärke und Konsequenz beseelt. Sie haben sich entschlossen, Menschen der Hoffnung zu sein, anzupacken, bewusster zu leben, einzugreifen in das Geschehen. Sie haben eine Vision für

eine neue Welt, für einen neuen Menschen. Sie leiden unter dem, was geschieht, geben aber nicht auf. Sie lieben den Planeten leidenschaftlich und möchten alles tun, um seinen Fortbestand zu sichern. Sie bemühen sich, das Aufbauende im Menschen zu fördern. Beziehung und echte Kommunikation sind ihnen wichtig. Und – was noch wichtiger ist – sie beginnen bei sich selbst, sie arbeiten an ihrer eigenen Veränderung, an ihren Haltungen, Einstellungen und Gewohnheiten. Sie leben so, als ob alles an ihnen liegt – weil sie begriffen haben, dass es tatsächlich an ihnen liegt. Die Veränderung der Welt beginnt bei der Veränderung Einzelner. Das ist ihr Motto.

Über alles wichtig scheint mir zu sein, wie wir uns der Welt nähern. „So wie wir in den Wald hineinrufen, so schallt es heraus." Die, die glauben, dass der Mensch von Grund auf böse ist, werden immer wieder die Bösartigkeit und Niedertracht des Menschen erleben. Ihr Augenmerk wird darauf fallen. Die, die glauben, dass die Welt durchzogen ist von Adern der Liebe, werden sie überall finden. Und beide werden in ihrem Erleben die Bestätigung für ihre Haltung sehen. Das betrifft auch die Einstellung der Hoffnung. Die, die die Hoffnung für die Welt und den Menschen aufgegeben haben, werden überall Gründe finden, nicht mehr zu hoffen. Sie bestätigen sich ihre Entscheidung für die Hoffnungslosigkeit selbst. Es gibt genug Nachrichten, die dazu angetan sind, dass wir unsere Hoffnung verlieren können. Andererseits sind wir umgeben von Entwicklungen, die das

Wunderbare des Lebens feiern. Es gibt eine schier unendliche Anzahl von Liebestaten, die jeden Tag auf der ganzen Welt ausgeübt werden, selbst in den Gegenden, wo Krieg herrscht und wo Angst zum täglichen Leben dazugehört. Vielleicht wären wir als Spezies schon längst von diesem Planeten verschwunden, wenn wir nicht so lieben könnten. Aber die Hoffnung und die Liebe können noch wachsen. Es gibt unendlich viele Möglichkeiten zu lieben und zu hoffen. Konzentrieren wir uns nicht auf all das, was nicht geht, wenn es soviel gibt, was geht! Halten wir uns nicht mit denen auf, die nicht mitmachen wollen, sondern schließen wir uns mit denen zusammen, die Leben fördern wollen!

Das ist kein Trick zur Verbesserung unseres Lebens. Es ist die Herausforderung, die das Leben jetzt an uns heranträgt, überall auf der Welt. Wir erleben eine Überschwemmung von kollektiver Hoffnungslosigkeit und merken nicht, dass auch wir diese Hoffnungslosigkeit schaffen, dass wir selbst daran beteiligt sind, wenn wir uns zurückziehen und keinen Lebenssinn mehr sehen. Zumindest keinen Sinn, der uns beflügelt und uns noch leidenschaftlich sein lässt.

Die Frage ist, was wir wollen. Wollen wir leben, nicht nur überleben, sondern wünschen wir uns ein Leben, in dem Glücklichsein, Frieden, Erfüllung, Souveränität, Echtheit und Leidenschaftlichkeit zum Guten wieder einen Platz haben? Es ist eine Frage der Entscheidung. Es ist eine Frage der Bewusstwerdung. Die Lage der Welt verlangt von uns eine größere Bewusstheit und Wachheit.

Wir müssen uns mehr denn je klar darüber werden, was wir mit unserer Art zu leben auslösen. Bewusstwerdung darf kein *insider*-Schlagwort mehr sein, sondern es muss weltweit zu einem Lebensprogramm für immer mehr Menschen werden. Das ist unsere große Chance. So werden wir uns in eine neue Vorstellung und ein tieferes Verständnis der Welt hinein entwickeln.
Niemand von uns ist auf diesen Weg allein. Es gibt viele Menschen, die unterwegs sind. Es gibt neue Menschen, die an einer neuen Welt arbeiten und bei sich begonnen haben. Auf geheimnisvolle Weise ist uns das Leben in die Hände gelegt. Wir können etwas bewirken.

Ich habe hier und da in diesem Buch dichtere, bildhaftere Gedichte eingestreut. Mit diesen Texten möchte ich innehalten, eine Chance zum Durchatmen haben und sie auch geben. Die Intensität des Anliegens soll nicht zu Verbissenheit werden, weil wir das Leichte auch brauchen.

Ich möchte mit diesem Buch nicht nur ein weiteres Buch schreiben und veröffentlichen, sondern ich möchte etwas anstoßen, ein Gespräch in Bewegung setzen. Ich wünsche mir sehr, dass jetzt mehr denn je die Hoffnung und das neue, andersartige Leben zum Gesprächsthema im ganzen Land werden.

ulrich schaffer

Ein Volk ohne Vision geht zugrunde.

Sprüche 28,18

Die Weisheit redet immer vom Ganzen

Die Weisheit redet immer vom Ganzen,
auch wenn sie von unscheinbaren
Kleinigkeiten spricht.
Wir werden weise,
wenn wir nicht vergessen,
dass alles mit allem verbunden ist.
Das eine entsteht, weil es das andere gab.
Unsere Stimme in der Luft
segnet die ganze Erde.
Unsere Hände im Wind machen Mut
bis in die fernsten Ecken des Planeten.
Unsere Hoffnung erfüllt die Welt
mit der Energie des Lebens.
Unser Lieben trägt die Ahnung von Gott
in das dunkelste Herz.

Ich will das Leben loben

Ich will das Leben loben,
seine Dichte, seine Erfindungskraft,
seine Vielschichtigkeit,
ich will nicht aufgeben,
an das Leben zu glauben,
auch wenn man mich verlacht und simpel findet
und wenn ich umgeben bin von Kräften,
die bereit sind, das herrliche bunte Leben
mit ihrem Zynismus zu zerstören.
Ich werde ihre Dunkelheit nicht lieben
und ihre Lebensverachtung nicht ehren,
ganz gleich welche Posten sie bekleiden
und welche Ehren man ihnen zugesprochen hat.
Sie zerstören das, was wertvoll ist
und was es zu erhalten gilt mit unserer Liebe.

Gewaltig umspülen uns die Meere
von Osten nach Westen

und von Süden nach Norden.
Jeder Ozean hat seine Temperatur,
seine Strömungen, seine Flora und Fauna
und seine Länder, die an ihn grenzen.
Die Küsten von Japan sind anders
als die Küsten Australiens
und in den Fjorden Norwegens
tummeln sich andere Fische
als in den Gewässern Hawaiis.
Wir nennen die Erde den blauen Planeten,
weil zwei Drittel der Oberfläche
aus Wasser bestehen.
Die Astronauten haben seine Schönheit
auf ihre Weise besungen und uns gesagt,
dass sie vom Weltraum
keine Grenzen wahrnehmen konnten
auf dieser herrlichen blauen Murmel im All.

Ebenso bestaune ich die Herrlichkeit,
mit der ich gemacht bin.

Ich bin mein eigener Planet
mit Kontinenten und Meeren.
In einem Entwicklungsprozess
bin ich entstanden,
habe mich freigeschwommen
von meinen Vorfahren,
habe mich freigedacht, freigeglaubt
bin immer bewusster geworden.
Ich bin das Ende einer langen Kette,
ein Homo sapiens, der „Ich" sagen kann.
Ich bestehe aus 1.000.000 Milliarden Zellen,
von denen jeden Tag 600 Milliarden sterben,
die dann wie in einem Wunder
jeden Tag wieder regeneriert werden,
in jeder Sekunde sind es über zehn Millionen.

Wie sollte ich diesen
oder irgendeinen Menschen zerstören?
Mit jeder Zerstörung eines Menschen,
mag er noch so weit weg von uns wohnen,

verkleinern wir unser eigenes Leben.
Wer einen anderen Menschen erhält,
ihm hilft und ihn trägt in Zuwendung und
Herausforderung, erhält sein eigenes Leben.
Wir sind miteinander verbunden,
in einer Tiefe und Körperlichkeit,
die wir immer umfassender begreifen werden.
Die Zerstörung der Luft
in Indien oder Los Angeles
trifft einen Asthmatiker in Johannesburg
und die Verschmutzung
des Wassers in Ingolstadt
verändert das Wasser eines Menschen,
der am Schwarzen Meer wohnt.
Was du in Stuttgart hoffst,
richtet jemanden in Warschau auf
und wenn ein Mensch im Wallis aufgibt,
aus seinem Leben etwas zu machen,
steht einem Menschen in der sibirischen Steppe
etwas weniger Energie zur Verfügung.

Nirgendwo auf der Erde
kann ein Mensch etwas tun oder lassen
was nicht uns alle angeht.
Es ist Kurzsichtigkeit, die noch glaubt,
dass wir getrennt sind und unsere Handlungen
einander nichts angehen.
Es ist die Angst, verantwortlich zu werden
für jede Tat im eigenen Leben
und nicht mehr schlafwandelnd
durch das Leben zu gehen.
Die Zerstörung der Welt
geschehe nicht durch Bösewichte,
sondern durch Schlafwandler,
hat der Dichter Franz Kafka einmal gesagt.
Wir müssen immer wieder die Frage stellen:
Sind wir wirklich wach?

Wir sind unsicher geworden

Wir sind unsicher geworden.
Wir haben mehr Angst als früher.
Wir machen uns viele Gedanken über das,
was einmal selbstverständlich war.
Wir glauben immer weniger an Lösungen.
Wir sind misstrauisch geworden
und geben uns Vermutungen hin.
Wir belächeln viel von dem, was wir hören.
Wir schließen unsere Türen,
wir versichern uns,
wir sorgen vor,
wir schalten ab.
Die Welt wird uns fremder
und wir lassen sie weniger in unser Leben ein.
Wir kapseln uns ein
und wollen uns nicht mehr auseinandersetzen
mit dem, was um uns herum vorgeht.
Es ist zu anstrengend und zu unverständlich.

Manchmal ist es,
als gingen wir auf einer dünnen Kruste
über die Erde. Wir hoffen, dass sie hält,
aber wir wissen es nicht genau.
Die Festigkeit, die wir einmal hatten,
ist fort. Wir stürzen leichter ab.
Überall ist die Leere ist spürbarer.
Unheil wartet um die Ecke,
Sorge ist unser Begleiter geworden.
In jedem Flugzeug fliegt der Tod mit.

Wir fühlen uns ausgeliefert.
Unsagbares geschieht an uns.
In einem Labor in der nächsten Stadt
kämpft ein ganzes Team gegen Krankheiten,
die noch keinen Namen haben,
und doch scheinen diese Krankheiten
uns ganz persönlich mit Namen zu kennen.
Trotz aller Entwicklungen und Erfindungen
sind wir gefährdet.

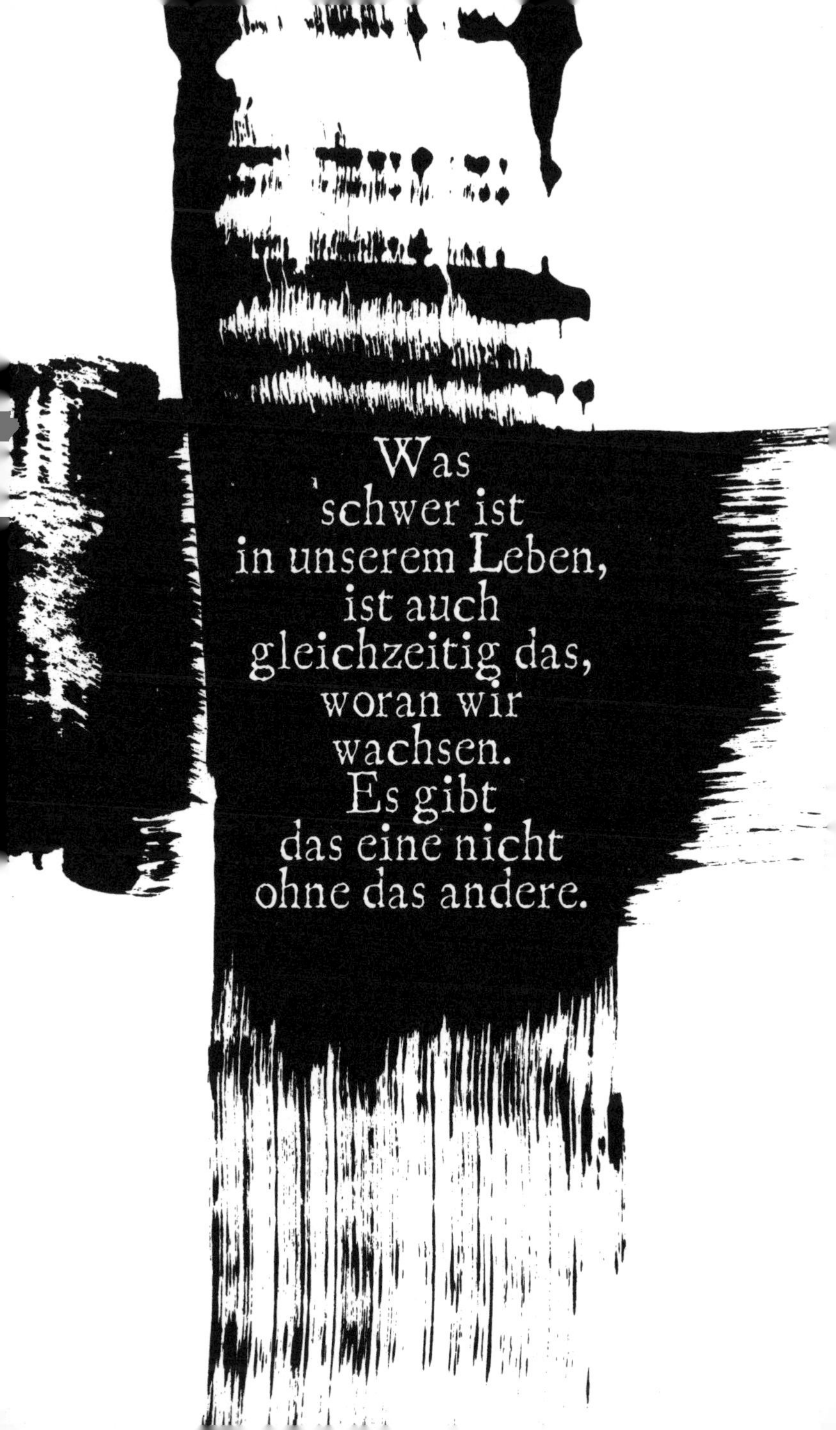
Was
schwer ist
in unserem Leben,
ist auch
gleichzeitig das,
woran wir
wachsen.
Es gibt
das eine nicht
ohne das andere.

Die Schutzmaßnahmen überzeugen uns nicht.
Seit dem erschreckenden September 2001
ist nichts mehr, wie es vorher war.
Freude ist seltener geworden.
Ganze Länder scheinen
von einer schleichenden Depression
befallen zu sein. Manchmal lohnt sich
das Aufstehen am Morgen nicht mehr.
Das tiefe Glücksgefühl stellt sich seltener ein.
Das Leben ist schwer geworden.

Wir geben diesem und jenem die Schuld,
aber wir spüren dabei keine Erleichterung.
Es ist, als hätte sich die ganze Welt
ein Stück verirrt und fände nicht mehr zurück
auf den Weg des Glücks und der Erfüllung.
Die angebotenen Antworten wirken leer.
Wir glauben den Versprechungen nicht mehr.
Wir werden still und warten.
Noch haben wir nicht aufgegeben

Noch lohnt es sich, verstehen zu wollen,
was los ist, und nicht aufzugeben.

In einem geheimnsivollen Widerspruch
ist aber genau dies der Moment,
wie es ihn noch nie vorher gab,
der Moment, in dem es
um ein neues Verständnis der Welt geht,
an dem unsere ganze Zukunft hängt.
Dies ist die Zeit des Durchbruchs
in eine andere Wirklichkeit.
Jeder Mensch wird gebraucht,
um das Maß der Hoffnung zu erfüllen.
Dies ist die Zeit, in der wir uns
beweisen werden, dass wir fähig sind,
über unsere Vergangenheit hinauszuwachsen.

Reife zeigt sich in der Krise,
Mut in der Angst
und Fantasie in der Ausweglosigkeit.

Eine tiefere Wahrheit

In jeder Wirklichkeit,
auch in der dunkelsten,
existiert eine tiefere Wahrheit,
die mitgehört und mitgesehen werden will.
Alles hat eine größere Tiefe als die,
die wir zuerst wahrnehmen.
Gerade in der Finsternis, die uns umgibt
und in der spürbaren Angst in unserer Zeit
gibt es neue Erkenntnisse zu entdecken
und unbegangene Wege der Liebe zu gehen.
Was früher galt, mag heute noch gelten,
aber es hat eine andere Gestalt.

Es kann mühsam sein,
diese tiefere Wahrheit hervorzulocken
und sie zu verstehen.
Es ist anstrengend und schön zugleich,
so wach zu sein.

Adern der Liebe

Die ganze Welt
ist durchzogen von Adern der Liebe,
von Strömen der Zuwendung,
trotz aller Schreckensmeldungen.
Viele Millionen davon
haben ein dichtes Netz geknüpft,
das uns hält.
Wer vertraut, sieht es.

In der Welt wird nichts so nötig gebraucht,
wie Menschen, die an Geld und Besitz,
an Ansehen, Ehre und Erfolg,
an Berühmtheit und Sicherheit
vorbeisehen können ud die noch
einen Blick für die Liebe haben –
die Liebe im Kleinen und Unscheinbaren,
nicht mit der Leidenschaftlichkeit,
die schnell verfliegt,

sondern mit der Ausdauer,
an der andere gesunden können.

Weil es diese Liebe gibt,
dürfen wir vertrauen.
Wir dürfen uns hineinwagen
in die Zuwendung, in das Sorgetragen,
in die Berührung, in den Hautkontakt.
Eine lebendige Welle
trägt uns.

Die ganze Welt ist durchzogen von Adern der Liebe.

Sie zu entdecken, ist schön.

Die Wahl

Wir alle stehen vor der Wahl.
Geben wir uns unserem Misstrauen hin
oder entwickeln wir Augen
für die Adern der Liebe in der Welt?
Bei aller Komplexität kann es so einfach sein.

Geben wir auf,
oder üben wir das konsequente Lieben,
das fantasievolle Glauben
und das begeisterte Hoffen,
trotz aller Dunkelheit um uns?
Es ist die alte Frage,
die wir uns immer wieder gestellt haben,
seitdem es uns gibt,
seitdem wir denken können.
Die Frage ist nicht allgemein zu beantworten.
Es ist deine persönliche Frage,
und nur deine persönliche Antwort zählt.

Es gibt die Flucht vor der Frage,
aber damit verschwindet die Frage nicht.
Es gibt das Belächeln der Frage,
aber damit ist sie nicht beantwortet.
Du kannst von dir ablenken
und auf den Einsatz der anderen warten.
Du kannst dich gegen die Frage wehren,
doch sie tut nichts weiter
als deine Antwort zu fordern.
Es geht um das Herz deines Lebens,
um das, was dich ausmacht,
um das, was von dir ausgeht
und die Welt berührt.

Vielleicht sitzt du jetzt still in einem Zimmer
und versuchst der Frage auszuweichen.
Du findest es lächerlich,
dass du antworten sollst.
Du hast doch deine Weltanschauung,
du hast gewisse Werte und lebst unbescholten.

Es liegt nicht an dir, dass die Welt so aussieht.
Trotzdem bleibt diese tiefe Frage.
Sie kommt immer wieder und stellt sich dir:
Willst du konsequent hoffen
und deine Hoffnung wie Kraft, wie Glück
und wie Erlösung in die Welt schicken?
Oder willst du dich heraushalten
und die anderen „machen lassen"?
Willst du die konzentrierte Energie
deiner guten, lebensförderlichen Gedanken
in die Welt geben und dich zusammentun
mit denen, die mit ihren Gedanken,
mit ihren Handlungen
und ihrem ganzen Wesen
ein Netz der Liebe für die Welt schaffen,
damit nicht unwiederbringlich verloren geht,
was wir uns mühsam erkämpft haben?
Jetzt ist die Zeit gekommen.
Noch nie war so wichtig,
wie du dich entscheidest.

Die
eigentliche
Grenze
ist unsere
zu kleine
Fantasie.

Kaum etwas wirkt
so intelligent,
so wissend,
so informiert und gescheit,
wie eine leicht von oben
herabkommende Analyse
der Zeit und Menschen,
bei der es am Ende,
– laut dieser Experten –
leider finster
für die Welt
aussieht.

Die eigentliche Finsternis aber
liegt in der Blindheit derer,
die meinen, sie würden damit
einen Beitrag zur Lösung
unserer Probleme beisteuern.

Wir brauchen Männer

Wir brauchen Männer, die aus echter
innerer Stärke und Überzeugung leben,
so dass sie nicht mit Macht,
mit Beweisen der Überlegenheit
und mit irgend einer Form von Gewalt
auftreten und sich produzieren müssen –
Ja, die ihre Schwächen zugeben
und über sich selbst lachen können,
wenn sie noch Reste von ihrer vordergründig
verstandenen Männlichkeit demonstrieren.

Wir brauchen Männer, die bereit sind
von Frauen zu lernen, wie sie die Welt
ganzheitlich verstehen und schützen können,
und die darum partnerschaftsfähig sind.

Wir brauchen Männer, die von innen leben,
aus der Tiefe ihrer Seele, aus der Weisheit

einer Welt, die tiefer und reifer ist,
als sie selbst es in ihrer Begrenztheit sind.

Wir brauchen Männer, für die Beziehung
mehr bedeutet als irgend ein Besitz,
und die nicht versuchen, mit Druck
und ihrem eigenen Stempel
die persönliche und die öffentliche Welt
unter ihre Kontrolle zu bekommen.

Wir brauchen Männer, die verletzbar sind
und ihre Verletzungen zeigen können,
auch wenn sie dadurch ihren Vorteil
und vielleicht sogar ihr Gesicht verlieren.

Wir brauchen Männer, die zuallererst
Menschen sind, die andere Menschen lieben,
selbstlos und ohne Vorbehalte,
und damit die große Welt entdecken,

die sie nicht wirklich kannten.

Die neue Welt
entsteht nicht
aus dem Nichts,
sondern aus uns,
aus deiner
und meiner
Verwandlung.

Es ist Zeit

Es ist Zeit,
das mechanistische Verständnis der Welt
hinter uns zu lassen.
Wir haben viel von Newton gelernt
und wissen, dass Ursachen Wirkungen haben.
Wir wissen unendlich viel
über die Messbarkeit der Welt.
Jetzt aber ist es Zeit, zu lernen,
dass die Welt viel komplexer ist,
als wir mit unseren Sinnen wahrnehmen,
dass es unsichtbare Fäden gibt,
die zwischen allem gespannt sind,
und dass eine spirituelle Sicht der Welt
nötig ist, um uns ein neues Bewusstsein
zu eröffnen.
Die Welt ist nicht nur ein Mechanismus,
sondern ein vielschichtiger Organismus,
ein Wesen, in dem vieles nicht berechenbar ist.

Noch immer glauben wir zu wissen,
was geschehen wird,
wenn wir eine gewisse Handlung vornehmen.
Aber wir sind uns zu sicher, zu arrogant.
Das mechanistische Verständnis der Welt
steckt sehr tief in uns und blockiert uns
für eine neue Sicht der Welt.

Jetzt geht es um das Unmessbare,
welches weit jenseits unserer Sinne liegt.
Es geht um Ausstrahlungen und Schwingungen,
die von uns ausgehen und ihre Wirkung haben.
Wir sind eingeladen wie vielleicht noch nie,
zu einem neuen Denken,
um den Energien des Lebens nachzuspüren
und sie durch unsere Hoffnung zu begünstigen.
Es geht um das Ahnbare,
das wir manchmal nicht ernst genug nehmen.
Es geht um geheimnisvolle Zusammenhänge,
in denen wir leben oft ohne es zu wissen.

Viele reden von Fitness

Viele trainieren ihren Körper,
achten auf ihr Essen
und quälen und schwitzen sich gesund.
Ihr Herz, diese geniale Pumpe,
erhält ihren Körper bis ins hohe Alter.

Aber gleich neben, über und unter der Pumpe
ist das andere Herz,
das ebenso trainiert werden muss.
Grenzenloses Denken fällt uns nicht zu.
Großzügigkeit ist nicht angeboren.
Liebe ist keine genetische Eigenschaft.
Mitleid muss gelernt werden.
Bewusst zu werden ist Übungssache.
Mit der Wachsamkeit unseres Herzens
können wir der leidenden Welt beistehen.
Mit Worten und Taten können wir aufbauen
anstatt einzureißen.

Nie war es wichtiger,
das Lernen zu lernen.

Wir brauchen Politiker

Wir brauchen Politiker,
die die Politik gewählt haben,
weil sie glauben, etwas für den Menschen
und für den ganzen Planeten tun zu können
und die auch in der zugespitzten Lage –,
ob wirtschaftlich oder weltpolitisch,
ob lokal, national oder international –,
nicht zynisch und entwürdigend werden.
Wir brauchen Politikerinnen,
die innere Größe und Weisheit schätzen
und nicht Opportunisten sind,
die jede Lage zu ihren Gunsten ausbeuten.
Sie müssen von einer tiefen Liebe zu denen,
die sie vertreten, beseelt sein,
sie müssen ihre Arroganz ablegen
und die Welt und die Beziehungen in ihr
als etwas Spirituelles verstehen.
Wir brauchen Abgeordnete,

die zutiefst begreifen, dass sie eine Einheit
mit ihren Wählern bilden
und dass Verachtung diese Einheit zerstört.
Wir brauchen Ministerinnen, die erkennen,
dass ihr Leben lauter spricht als ihre Reden.

Wir brauchen eine politische Kultur,
bei der das Feilschen um Worte,
das intellektuelle Sezieren,
die leeren Floskeln, die ausweichende Art
allen zuwider ist, auch denen,
die dabei noch mitspielen.
Wir brauchen eine Politik,
bei der innere Größe mehr gilt
als Schlagfertigkeit und Lässigkeit.
Wir brauchen Politiker,
die nicht davon bestimmt werden,
ob sie wiedergewählt werden.
Das, was zu tun ist, ist so viel größer
als Ämter, Würden und Ansehen.

Wir haben Sehnsucht
nach ehrlichen, integren Politikerinnen,
die direkt und ohne Umschweife sprechen
und die nicht erst die Resultate
der nächsten Umfrage abwarten,
ehe sie handeln.

Wir brauchen Politiker, die hören können:
in der politischen Arena, unter Kollegen
und unter Gegnern, aber auch im Privaten –
hören, wo die Welt leidet
und was bitternotwendig ist.
Die auch auf die Zeichen der Zeit achten
und Entscheidungen nicht nur
für die Länge ihrer Amtszeit treffen,
sondern darüber hinaus
an einer Zukunft bauen,
die lebbar sein wird.

An jedem Tag,
an dem du von
Unmenschlichkeiten hörst,
von der Niedertracht
der Menschen untereinander,
geschehen Millionen
von Handlungen der Liebe
auf jedem Kontinent,
in jedem Ort,
bedingungslos und aus der Tiefe
des menschlichen Herzens.
Denke daran,
wenn du richtest
oder hoffnungslos wirst.

Ich habe den Aufmerksamen getroffen

Ich habe den Aufmerksamen getroffen,
der nicht mit vielen Worten,
sondern mit seinem Wesen
die Dinge und Menschen würdigte.
Er gab allem eine Besonderheit,
in der die Seele sich zeigen durfte.
Er war ohne Vorurteile
und verstand seine Mitmenschen von innen.
Seine Beobachtungsgabe war sein Beitrag.

Mit seiner Sicht
rief er die Dinge und Menschen ins Leben.
Er sah das Unsichtbare, bis wir es auch sahen.
Er lebte aus der Wahrheit der inneren Welt,
und die äußere Welt wurde zu dem,
was er visionär gesehen hatte.
Mit seiner Aufmerksamkeit
war er ein Schöpfer.

Es ist Zeit

Es ist Zeit,
den Glauben an den Krieg abzulegen.
Früher galt er als die endgültige Form
der Konfliktlösung, und fast jeder Mensch
wurde im Laufe seines Lebens
innerlich oder äußerlich vom Krieg verletzt.
Krieg ist der Glaube an Gewalt.
Krieg ist Ausdruck fehlender Fantasie.
Krieg ist Kurzsichtigkeit.
Krieg ist Hilflosigkeit.
Krieg ist Krankheit – keine Lösung.
Krieg ist die große, kollektive Verirrung,
mit der bereits der nächste Krieg
vorprogrammiert wird.
Im Grunde führt Krieg nicht zum Frieden,
sondern zu einem weiteren Krieg. Aber
wir können uns keinen Krieg mehr leisten.
Der Preis ist zu hoch.

Wir sind zu verbunden miteinander.
Die Welt ist klein geworden,
wir sind alle unmittelbare Nachbarn.
Das Gesetz der Rache fällt auf die zurück,
die es anwenden.
„Auge um Auge und Zahn um Zahn“
macht alle Beteiligten blind und zahnlos.
Es gibt die Schätzung, dass weltweit
jedes Jahr 700 Milliarden US-Dollar
für Kriegszwecke ausgegeben werden.
Wie anders würde die Welt aussehen,
wenn nur ein Bruchteil dieser Summe
dafür eingesetzt werden würde,
allen Menschen frisches Wasser,
Essen und Medikamente zukommen zu lassen.
40 Milliarden pro Jahr reichen würden,
hat die UN ausgerechnet.
Krieg ist unser aller Untergang.
In jedem Krieg verlieren auch die Gewinner
ein Stück ihrer Identität.

Wir brauchen eine Radikalität der Liebe,

mit der wir auch dann noch lieben,
wenn es uns nicht passt
und wenn es wehtut.

Wir brauchen Großeltern

Wir brauchen Großeltern,
die nicht nur alt,
sondern auch weise geworden sind,
die auch im Alter noch wachsen,
weil sie sich um den größeren Überblick mühen
und Zeit haben, darüber nachzudenken,
was wichtig ist.
Wir brauchen Alte,
die durch ihren Mut jung geblieben sind,
die nicht nur das Vorläufige sehen
und nicht alles Neue schlecht machen
und verachten.
Wir brauchen Alte, die mit einem Fuß
in der transzendenten Welt stehen
und von dort aus sehen können,
wenn die Grundlagen fehlen
und das Gebäude, das wir bauen,
nicht fest stehen wird.

Wir brauchen Ältere, die die Welt lieben
und willig sind, ihrer Liebe
einen reifen Ausdruck zu geben,
anstatt zu verwöhnen oder sich zurückzuziehen,
weil sie meinen, es ginge auch ohne sie.
Es geht nicht ohne euch, ohne eure Reife
und ohne eure kostbaren Einsichten,
die ein Leben lang gewachsen sind.

Wir brauchen eine Kultur des Alterns,
die mehr ist, als nur fit bleiben
und jung aussehen.
Das Alter ist unsere große Reifungschance,
die nicht nur privat und zurückgezogen
zu leben ist, sondern im Austausch
auf der Suche nach neuen
lebensförderlichen Wegen.

Die Fantasie
der Hoffnung
ist das stärkste
Werkzeug
zur Veränderung
der Welt.
Da, wo wir
unsere Fantasie
einsetzen für alles,
was Leben fördert
schaffen wir
neue Räume
und neue
Gesetzmäßigkeiten.

Die Welt kennen

Wo ich noch nicht gewesen bin,
würde einen Atlas füllen: Lappland und Lhasa,
Moskau und Tokio, das Korallenmeer,
die Serengeti, Armenien, das Namakwaland –
die Liste ist lang und verlockend.
Lange meinte ich, ich schulde es mir,
noch viel mehr von der Welt zu sehen,
bis ich bei Laotse las:
Du kannst die Welt kennen,
ohne je dein Zimmer zu verlassen.

Ich habe die kleine Landschaft
meines Herzens immer wieder durchkreuzt
und bin dabei durch Glück und Verachtung
gekommen, durch Not und Erwartung.
Ich bin dabei durch indische Dörfer gereist,
habe in Grönland Halt gemacht
und mich in Burkino Faso

mit einem alten Mann verbrüdert.
Und als ich in der Mojavewüste bei mir war,
da war ich in der Sahara bei dir –
was ich bewusst erlebte, war nicht so anders,
als was du auf einem anderen Erdteil erlebtest.
Meine Ungewissheit im Regenwald
ähnelte deiner Unsicherheit,
wenn es zu viele Antworten gibt.
Meine Erfahrung, etwas nicht zu verstehen
erinnerte mich an deine Hoffnungslosigkeit.
So wurde die Welt immer kleiner
und am Ende bin ich doch überall gewesen,
wo Menschen Menschen sind.
Da kam ich ein zweites Mal bei mir an
und legte den Atlas weg.

Es ist Zeit, Darwins Erbe loszulassen

Es ist Zeit, Darwins Erbe loszulassen.
Der Stärkere kann nicht mehr
auf Kosten des Schwächeren leben.
Was uns auszeichnen sollte,
ist die Fähigkeit, den Schwächeren,
den Hilfloseren und Gefährdeten
mitzunehmen in ein Leben der Erfüllung.
Wird es uns gelingen, das Leben nicht nur
als einen Kampf ums Dasein zu verstehen?
Unsere Reife wird daran abzulesen sein,
ob wir bereit sind etwas von unserem
Lebensstil dranzugeben,
um den Rechtlosen und Unterprivilegierten
neue Lebensmöglichkeiten zu schaffen.

Es gibt eine spirituelle Sicht der Welt,
die mehr win-win Situationen sieht.
Wenn es um das Wichtige und Wertvolle

im Leben geht, muss niemand verlieren,
damit ein anderer gewinnen kann.
Wenn einer verliert,
verlieren auf versteckte Weise alle.
Wir sind eingeladen, gemeinsam
in ein reifes Leben zu wachsen.
Auf geheimnisvolle Weise hat das Leben
einen jeden von uns gewählt und gewollt.
Es würde unserer Entwicklung entspechen,
das Konkurrenzdenken zu überwinden
und abzulegen. Es gehört zum alten Eisen.
Wir können keine neue Welt darauf errichten.

Es ist Zeit, die Demokratie des Herzens
zu lernen und sie mit allen Menschen zu leben.
Wir dürfen Menschen
nicht mehr einer Idee opfern.
Auch wirtschaftlichen und politischen
Interessen dürfen wir uns nicht beugen.
Am wichtigsten ist die Heiligkeit des Lebens.

Oft ist das Kleine das Große

Wo eine kleine Handlung sich
mit einer anderen kleinen Handlung verbindet,
wo ängstliche Lippen doch ein Wort riskieren,
wo der kleine Sprung in den Mut gewagt wird,
wo der vorsichtige Einsatz gewählt
und der Gleichgültigkeit
nicht nachgegeben wird,
wo das Herzklopfen uns nicht abhält,
das zu tun, was wir als richtig erkannt haben,
wo wir von Zynismus und Ironie umgeben
nicht selbst gefühllos werden,
da ist Veränderung noch möglich.

Oft ist das Kleine das Große,
und das Unscheinbare verändert
das Auffällige.
Manchmal ist das, was wichtig genannt wird,
nicht so entscheidend.

Da sitzt jemand ganz still
und verändert die Welt.
Da rast einer umher und trägt dazu bei,
dass alles so bleibt, wie es ist.

Die Treue zur Hoffnung ist nicht sichtbar,
sogar die Hoffnung selbst
ist oft nicht sichtbar,
weil sie so unscheinbar ist.
Und doch wird
die ganze Welt
von den Hoffenden
getragen.

Größer als wir selbst

Könnten wir die Nebenflüsse
unseres Lebens, – das Halbherzige,
das Unwesentliche und Vorläufige –,
alle zum großen Hauptfluss fließen lassen,
zu dem, der nichts anderes kennt,
als sich gewaltig ins Leben zu wälzen,
mit seinen wachsenden Wassermengen,
um alles, was er an seinen lebendigen Ufern
berührt, ins Leben zu rufen.

Was wäre das für ein Rauschen und Brausen
und wie lebendig würden wir da
und frei von Staub und Trägheit!
Was wäre das für ein Fest,
bei dem auch wir mitgerissen würden,
in etwas, das größer ist als wir,
und uns größer macht als wir je waren.

Schnell lassen wir uns abhalten

Schnell lassen wir uns abhalten das zu tun,
was wir als richtig erkannt haben.
Jemand stellt uns eine Frage
und schon machen wir einen Rückzieher.
Wir werden unsicher und hören auf,
wenn wir belächelt werden.
Viele finden jeden Aufruf zur Veränderung
naiv und haben so eine Ausrede gefunden,
um nicht ernst machen zu müssen mit dem,
was zu tun wichtig wäre.

Unter der Last unserer Intellektualität
gelingt es uns nicht zu handeln.
Wir verstecken wir uns im Denken,
um mit unserem Handeln
nicht Stellung beziehen zu müssen.
Angesichts der vielen Argumente
sind wir unfähig, uns zu entscheiden.

Uns fehlt die Energie uns durchzusetzen
und unsere Einsichten
in konkrete Handlungen zu verwandeln.
Es scheint fast, als sei heute jedes Handeln
nur mit einer gewissen Einfalt möglich.
Der Mensch, der alles berücksichtigen will,
gelangt über das Denken nicht hinaus.
Das, was wir nicht außer Acht lassen wollen,
hindert uns mit dem zu arbeiten,
was wir begriffen haben.

Vielleicht müssen wir uns selbst opfern,
unsere Differenziertheit, unser Hirnen,
um die Welt vor unserer Untätigkeit zu retten.
Wir müssen uns aufmachen und losgehen,
in der Unsicherheit unseres Schrittes,
mit der Ehrlichkeit eines Menschen,
der tun muss, was er begriffen hat
und der endlich das Gefühl hat,
ganzheitlich zu leben.

Es ist Zeit, den Zynismus abzulegen

Es ist Zeit, den Zynismus abzulegen,
die zersetzende Ironie, das Belächeln
und das Verlachen. Es gibt die Meinung,
dass alles zu kritisieren
besonders intelligent sei.
Dabei ist es meistens nicht schwer,
Fehler zu finden, sie zu beschreiben,
sich über sie lustig zu machen
und die Menschen abzutun,
denen sie unterlaufen sind.
Es ist viel schwerer aufzubauen.
Man kann ein Haus,
an dem man ein Jahr lang gebaut hat,
mit einem einzigen Streichholz abbrennen.
Ein dummes Wort entzieht einem Menschen
die ganze Lebensenergie.

Kein Ort

Kein Ort auf der Erde,
wo der Tod nicht seine Fahne pflanzen kann.
Also kein Ort,
nirgends,
wo nicht einer von uns
die Berufung erlebt,
in der Dunkelheit eine Kerze anzuzünden,
aus dem Schnee ein Bett der Liebe zu machen,
aus der Wüste einen süßen Brunnen
und aus dem eigenen Herzen eine Oase
für andere.
Kein Ort,
nirgends,
wo nicht die Fahne des Lebens
im Wind knattern kann.

Wir brauchen Geistliche

Wir brauchen Geistliche,
die die Welt spirituell verstehen
und nicht nur durch ein Dogma
oder durch einen Satz von Lehrmeinungen.
Wir brauchen Priester und Predigerinnen,
die den Menschen mit einer Innigkeit lieben,
die Wunden heilt, Wunder wirkt
und sich nicht mehr an tote Gesetze hält.
Wir brauchen Rabbis und Mullahs,
die mit ihrer inneren Größe
die Grenzen aufheben,
die Menschen von einander
und von Gott trennen.
Wer sich auf eine Kanzel wagt,
muss die ganze Welt meinen
und nicht nur seinen kleinen Teil.
Wer predigt, muss selbst jeden Tag üben,
was er predigt.

Es geht nicht um Worte,
sondern um das Wesen hinter den Worten.
Unendlich viele Worte
haben unzähligen Menschen
den Weg zu Gott verstellt.
Wir brauchen von Gott erfüllte Menschen,
die schweigen können,
und deren Leben doch weiterredet
von einem Gott der Liebe und Barmherzigkeit.
Wir brauchen Begleiterinnen
durch unsere Seelennächte
und einen Gottfreund,
wenn uns die Kraft verlässt.

Wir brauchen eine neue Reformation,
bei der jede Religion und Gruppe das los wird,
was Leben hindert und Leben tötet.
Gott muss wieder spürbar werden
in jeder unserer Handlungen.
Wir brauchen eine neue Sicht von Gott.

Wenn man das könnte

Heute, am 22. März 2003,
mit einem Zauberstab
die Armeen erstarren lassen,
dann aufwecken und zurückschicken
an die Tische ihrer Familien zu Tätigkeiten,
die sie mit Stolz erfüllen werden, weil an
ihrem Ende ein reifes Kornfeld daliegt,
ein Blech gebackener Vollkornbrötchen,
eine reparierte Harley,
ein Haus, in das einziehen kann wer will,
eine Rechnung, auf der alle Zahlen stimmen,
ein Foto der Familie, auf dem niemand fehlt,
und sie den verführerischen Glanz
der Waffen vergessen könnten
und nichts mehr am Töten glorifizieren.
Wenn man das könnte!

Alte Vorstellungen

Wir sind den Vorstellungen entwachsen,
die unsere Vorfahren hatten.
Sie sahen die Unerschöpflichkeit
des Planeten, die ihnen erlaubte,
ihn ohne Maß auszubeuten.
Sie glaubten an das Recht auf Wachstum,
und die Erde verkraftete es.
Es gab weniger von uns.
1850 waren wir erst eine Milliarde.
Heute sind wir sechs.
In fünfzig Jahren können wir zehn sein.

Es gab Stämme und Sippen,
Gruppierungen und Gemeinschaften,
die wir zum Überleben brauchten,
und in denen wir zuhause waren.
Aber jetzt belasten wir den Planeten
mit unseren alten Vorstellungen

von Getrenntheit, von Sonderrechten,
von Konkurrenz. Wir können es uns nicht
mehr leisten gegeneinander zu arbeiten,
zu konkurrieren, fremde Länder auszubeuten,
nur weil wir mehr Geld und Information haben.
Wir werden nicht nur die anderen,
sondern auch uns selbst dabei zerstören,
weil wir abhängiger denn je
voneinander geworden sind.

Nachhaltigkeit ist jetzt das wichtige Wort,
das wir mit unserem Herzen lernen müssen
– es ist der Umgang mit der Welt,
bei dem sich erneuern kann, was wir ernten,
und bei dem wir begreifen, dass wir alle
auf Leben und Tod miteinander vernetzt sind.
Wenn wir vorsichtig mit unseren Ressourcen
umgehen, kann uns die Erde wieder erhalten.
Neue Vorstellungen machen es möglich.
Es ist nicht zu spät, sie zu entwickeln.

Nicht
ein neuer
Trick,
sondern
eine neue
Gesinnung
löst und
erlöst uns.

Wir brauchen Gewerkschaftler

Wir brauchen Gewerkschaftler,
die begreifen, dass Macht alles zerstört,
auch das, was unbedingt erhalten werden sollte.
So schnell verlieren wir die weitere Sicht,
wenn wir auf unser Recht pochen
und keinen Zentimeter nachgeben.
Noch nie war die Lage so zugespitzt wie jetzt.
Wer nicht flexibel bleibt, bricht.
Es ist Zeit, neu zu verhandeln,
in einer anderen Gesinnung und Haltung,
die der neuen Welt angemessen ist,
einen Vorschuss an Vertrauen zu schenken,
auch wenn die Vergangenheit
mit ihren vielen Enttäuschungen
uns misstrauisch sein lässt.
Sonst wird das Neue nicht sichtbar werden,
wir werden im Alten untergehen
und unsere Menschlichkeit verlieren.

Wäre es möglich

Wäre es möglich, dass wir in unserer Familie
bekannt dafür werden,
dass bei uns die Hoffnung eine Chance hat,
oder dass unsere erweiterte Familie
aufbauende Gespräche
und nicht niederreißende führt?
Gibt es eine Möglichkeit,
die Straße, in der wir wohnen
oder den Wohnungskomplex,
in dem wir aus und ein gehen,
durch Kleinigkeiten zu verwandeln
und den einzelnen
aus der Anonymität zu helfen?
Glauben wir, dass es möglich ist,
durch unsere Energie und unseren Einsatz
sogar dem Ort, in dem wir wohnen,
oder dem Stadtteil, in dem wir zuhause sind,
einen anderen Charakter zu geben?

Darüber nachzudenken ist bereits der Anfang.
Beobachte dich selbst,
jetzt bei diesen Gedanken: Belächelst du sie,
weil du sie nicht für möglich hältst?
Tust du sie gleich ab, weil du nicht
an die Wandelbarkeit des Menschen glaubst?
Oder liegt es bei dir schon tiefer:
Trägst du eine tiefe Hoffnungslosigkeit
in dir, weil du der Überzeugung bist,
dass die Welt nie anders sein wird,
als sie jetzt ist?
Glaubst du, dass es immer Kriege geben wird,
dass Rassismus, Geldgier, Brutalität
und Gewalt immer unser Los sein werden?
Woher nimmst du diese Überzeugung?
Bist du so? Wenn du nicht so bist,
warum vermutest du dann,
dass die anderen überwiegend so sind?
Trägst du mit deiner Hoffnungslosigkeit
dazu bei, dass es so ist?

Wenn zwei Menschen sich treffen,
bringen sie nicht nur mit,
was sie sind und haben,
sondern in ihrem Zusammensein
beflügeln sie einander und kommen auf Ideen,
die sie allein nie gehabt hätten.
Und wo sich gar vier treffen,
gibt es ungeahnte Möglichkeiten,
und eine kleine Gruppe ist wie ein Zug,
der rollt und nicht aufzuhalten ist.
Dabei geht es zunächst nicht
um die Veränderung äußerer Umstände,
sondern um die Verwandlung unserer Herzen.
Die Verwandlung der Welt
geht von Verwandelten aus.

Die
Verwandlung
der Welt
geht von
Verwandelten aus.

Du bist müde

Du hast nicht mehr genug Energie,
um dich mit den großen Fragen der Welt
zu befassen.
Das sollen die anderen tun, spricht es in dir.
Vielen von uns geht es auch so.
Es geht auch nicht darum,
die Welt zu verändern,
wenigstens nicht die ganze Welt.
Das schafft keiner, auch nicht die,
die nicht müde und noch bärenstark sind.
Aber das Geheimnis ist, dass sich die Welt
aus Kleinigkeiten zusammensetzt,
aus Alltäglichkeiten, die wir alle kennen.
Jeder Tag der Welt besteht aus
Milliarden Handlungen,
aus deinen und meinen,
aus denen von unseren Nachbarn,
Lehrerinnen, Richtern und Busfahrern,

den Zimmerleuten und Klempnern,
den Sportlerinnen, den Abenteurern,
den Handlangern und Nobelpreisträgerinnen,
den Armen in Afrika
und den Reichen in Europa,
den Kindern und Greisen,
den Jugendlichen und Kranken,
den Sterbenden und denen,
die auf der Höhe ihrer Kraft stehen.
Niemand ist ausgenommen.
Du trägst mit deiner Handlung bei,
mit deinem Entsagen und Draufgängertum,
deinem Wohlwollen und Schlechtmachen.
Alles, was wir tun,
tun wir aus einer gewissen Haltung,
die unserer Handlung ihre Gestalt
und ihre Kraft oder Schwäche gibt.
Auch wenn es dazu kommen sollte,
dass wir uns nicht mehr bewegen können,
geht Energie von uns aus, die spürbar ist.

Unzertrennlich sind wir Teil der Welt,
und gestalten sie mit.
Alles, was du tust, verändert die Welt
und darum ist nichts umsonst getan
und nichts umsonst geglaubt.

Niemals ist die Hoffnung,
die sich grundsätzlich und unwiderruflich
auf die Seite des Lebens stellt, ohne Wirkung.
Zuerst wird sie dich verändern
und durch deine Veränderung wird unmessbar
aber unbeirrbar Energie in die Welt fließen.
Auch in deiner Müdigkeit gibt es Dinge,
die du tun kannst: ein Lächeln, ein Wort,
eine Berührung, sie alle fügen dem Gebäude
der neuen Welt einen Stein hinzu.
Und die Entstehung dieser neuen Welt
wird uns die Müdigkeit nehmen,
weil unser Leben wieder Sinn hat.

Es gibt eine kritische Masse

Es gibt den Tropfen,
der das Fass zum Überfließen bringt,
die eine Stimme,
die die Wahl entscheidet,
das eine überzeugende Bild,
das die Gesinnung umschwenken lässt,
das freundliche Wort,
mit dem niemand mehr gerechnet hat.
Damit wird erfüllt, was nötig war,
um die Entwicklung weitergehen zu lassen.

Es geht nicht darum,
allein die Welt zu retten.
Aber vielleicht
ist die eine Tat der Hoffnung
oder das eine Leben,
das der Hoffnung gewidmet ist,
ausschlaggebend für die Verwandlung.

Niemand ahnt es,
doch plötzlich fällt die Mauer:
Es waren dein Blick,
dein Wort, dein Wachsein,
dein bewegliches Denken,
die sie einstürzen ließen.
Der Weg ist frei
für eine neue Art zu denken,
eine neue Art zu handeln,
eine neue Art zu leben.

Die kleine Treue
ist immer auch die große Treue.

Es ist Zeit, eine neue Zukunft zu denken

Es ist Zeit,
die Zukunft nicht mehr durch den Blick
nach hinten erahnen zu wollen.
Es ist Zeit, nicht mehr zu sagen:
„Das haben wir noch nie gemacht!"
Es ist Zeit, genau das zu tun,
was wir noch nie gemacht haben.
Nur das wird uns retten.
Wir wissen nicht, was die Zukunft
für uns enthält, aber wir können sicher sein,
dass wir keine Zukunft haben werden,
wenn wir so weiter leben,
wie wir es bisher getan haben.
Wir müssen unseren Materialismus,
unsere Liebe zu Geld und Konsum
durch spirituelle Werte ersetzen.
Dabei geht es nicht um eine neue
religiöse Institution,

sondern um die Entdeckung
der lebbaren Wahrheit für heute.
Es geht darum, die Welt anders zu sehen.
Die Zeit ist vorbei, andere zu besiegen
und zu dominieren,
militärisch oder wirtschaftlich.
Die Zeit jeder Art von Kolonisierung ist vobei.
Auch die fassbare, sichtbare Welt
gilt es nicht mehr auszubeuten,
sondern mit ihr zusammenzuleben.
Wir haben kein Recht
auf die Ressourcen der Welt.
Es gilt, sie liebevoll zu verwalten.

Die neue Evolution
führt uns tiefer nach innen.
Wir werden uns selbst besser kennen lernen
und auf einer immer tieferen Ebene verstehen,
dass wir Teil der Welt sind und sie nicht
ausbeuten und beherrschen dürfen.

Was hält dich davon ab

Was hält dich davon ab,
dich jetzt, gerade jetzt,
da du dies liest,
für die Hoffnung zu entscheiden –
endgültig und abgrundtief,
und ohne dir die Möglichkeit
des Widerrufs einzuräumen?

Der Sinn des Lebens
ist ein verborgener Schatz,
für den es alles einzusetzen gilt,
wenn wir ihn heben wollen.
Er wartet und drängt sich uns nicht auf.

Die Hoffnung ist wie eine Schaufel,
mit der wir nach dem Sinn graben können.

Was wäre

Was wäre,
wenn zur Verwandlung der Welt
alles nur darauf hinausliefe,
diesen einen Moment
in seiner ganzen Tiefe wahrzunehmen,
in dem ich dich ansehe,
vielleicht meine Hand auf deine lege,
und aus diesem Moment eine Höhle mache,
ein Haus, eine Wohnung,
in der ich ganz das bin, was ich glaube:
einer, der mit seinem ganzen Wesen liebt
und der sein Leben daran gehängt hat,
dass für diesen Moment
und weit darüber hinaus
wahr wird,
was er glaubt?

Lebensinhalt

Es kann unser ganzer Lebensinhalt sein,
Leben zu fördern, es zu schützen, zu erneuern,
und es mit aller Kraft zu lieben.
Wo wir sonst genau und gewissenhaft
nach Vorteilen für uns selbst gesucht haben,
können wir jetzt nach den Vorteilen anderer
Ausschau halten
und ihr Leben unserem gleichstellen.
Dies kann Sinn und Bedeutung für uns haben
wie sonst nichts in unserem Leben.
Wir brauchen sonst keine Berufung.
Es kann zu einer Leidenschaft werden,
dem Leben Leben zu geben,
ihm Möglichkeiten einzuräumen.
Es kann uns erfüllen, beseelen, verwandeln.
Da geht es nicht mehr um Erfolg und Ansehen,
weil wir jetzt Leben gestalten,
Leben ermöglichen und Leben geben.

Nichts kann erhebender sein,
nichts uns so tief im Innern erfüllen,
wie die Größe der Welt an uns heranzulassen
durch das Leben anderer Menschen.

Das Fühlen des eigenen Pulses,
das Selbstmitleid, die Sorgen um die Zukunft,
sie lösen sich alle auf oder treten zurück
in der Entscheidung, an andere zu denken
und sich für ihr Wohl einzusetzen.
Und ehe wir uns versehen,
verwandeln wir nicht nur die Welt um uns,
sondern uns selbst,
und erleben dabei das größte Wunder:
Die Welt ist verwandelbar,
weil wir es sind!

Fremd und seltsam

Die Worte „Hoffnung“ und „Liebe“
klingen seltsam und fremd in der Politik.
Da hat es doch um Zahlen und Paragraphen,
um Beschlüsse und Wahlen,
um Public Relations und Wirkung zu gehen.
Aber wie weit reichen diese Bemühungen,
und wie anhaltend sind die Wirkungen,
wenn sie nicht von einer der vielen Formen
der Hoffnung und der Liebe
informiert und getragen sind?

Wir trennen die eine Seite des Lebens
von der anderen und wundern uns,
dass unsere Entscheidungen kein Herz haben.
Alles, was wert ist getan zu werden,
kann durch Hoffnung und Liebe
nur verbessert werden.

Auf der ganzen Erde verteilt sind sie

Auf der ganzen Erde verteilt sind sie,
die Menschen, die diesen Planeten lieben
wie ihr eigenes Leben. Und jeder von ihnen
sagt es einem anderen weiter,
dass dieser Planet, so wie er ist,
herrlich, kostbar und heilig ist.

So breitet sich dieses Wissen aus,
andere spüren es und verändern ihr Leben.
Eine Welle von Fürsorge, von Licht,
von Erbarmen und Liebe
geht von jedem dieser Menschen aus,
erreicht andere und fließt über sie hinaus
um die ganze Erde.
Es gibt sie, die Energie der Verwandlung,
in der keine Handlung der Liebe,
der Hoffnung und des Vertrauens umsonst ist.
Es ist möglich, den Quantensprung

in eine andere Wirklichkeit zu tun,
und eine Bewusstwerdung zu erleben,
wie es sie noch nicht gegeben hat.

Auch ohne Regierungen
und ohne große Konzerne
tritt die Erde, unsere alte, wunderbare Erde,
die uns so lange getragen und versorgt hat,
wieder in den Vordergrund
unseres Denkens und Tuns.
Wir sind nicht mehr gefangen in uns selbst,
sondern frei für die Erde mit ihren Nöten.
Unsere fantasievolle Liebe
kann ihr helfen zu überleben.

Du bist einer der Menschen,
von denen diese Wandlung ausgeht.
Sie sind über die ganze Erde verteilt.
Erkennst du dich wieder?
Glaubst du an deine Kraft?

Ich habe die Ernste getroffen

Ernsthaftigkeit zeichnet sie aus. Schon
lange hat sie das oberflächliche Leben satt.
Sie hat sich entschlossen,
nicht mehr mit denen mitzulachen,
die ihr Leben für Gelächter verkaufen
und Angst haben vor dem Ernst.
Schon als Kind hat sie darunter gelitten,
dass sie nicht schlagfertig war,
dass sie Zeit brauchte für eine Antwort,
dass sie alles, was ihr begegnete,
in der Tiefe ihres Herzens bewegte.

In der neuen Welt, die jetzt anbricht,
brauchen wir sie mit ihrem Ernst.
Wir brauchen ihre Entschiedenheit,
die tief und feurig ist, wenn es darum geht,
die Erde und das Leben auf ihr zu retten.
Wir brauchen ihre Verletzlichkeit.

Mehr als die blaue Kugel

Wir kennen diese Erde,
diese blaue Kugel,
auf der wir durchs All fliegen.
Wir haben sie erforscht
und unser Wissen über sie
in Bildern und Worten festgehalten.
Wie ein Liebender
jeden Quadratzentimeter Haut
seiner Geliebten kennt, jedes Merkmal,
von den Narben an den Füßen
bis zur Farbe der Augen,
so kennen wir die Erde von den Eiswüsten
bis zu ihren dampfenden Tropen,
von der Tiefe ihrer Meere
bis zur Höhe ihrer Achttausender.
So wie der Liebende manchmal
seine Geliebte vernachlässigt,
so sind wir unvorsichtig mit der Erde.

Aber wir leben nicht nur
auf dem fassbaren, sichtbaren Planeten.
Wir haben Wurzeln im Anderswo,
Haarwurzeln, die sich an Unsichtbares halten,
gekrallt in einen Boden aus Luft,
genährt vom Klima Sehnsucht.
Unfassbares greift nach uns, lässt uns nicht los.
Über den blauen Planeten hinaus
suchen wir den Ort, der uns leuchten lässt,
und an dem wir ruhen dürfen
von unserer Handarbeit,
unserer Kopf-, Seelen- und Glaubensarbeit.

Die Unwissenheit macht uns krank
und gleichzeitig gesunden wir an ihr.
Wir schauen zu den Sternen und ahnen,
dass genau das, was wir nicht wissen,
uns auf geheimnisvolle Weise lebendig hält
auf dieser blauen Kugel.

Wir brauchen Schriftsteller

Wir brauchen Schriftsteller,
die nicht noch einmal konstatieren,
dass die Welt zur Hölle fährt.
Das sehen inzwischen viele
und schreiben fast nichts anderes.
Dazu brauchen wir nicht
die besondere Begabung des Schriftstellers,
des Dichters, des Dramatikers.
Es hat nicht mehr den Effekt,
den es einmal hatte:
uns aufzurütteln und aufzuwecken.
Es stößt uns eher in eine Hoffnungslosigkeit,
die uns lähmt und verzweifeln lässt.
Viele von uns sind so erschrocken
über die Zustände der Welt,
dass wir nur noch schlecht schlafen.
Wir brauchen Dichterinnen,
die aus Tiefen schreiben,

die nicht nur die Umstände widerspiegeln,
sondern die uns erinnern, dass es Wege
zur Bewältigung unserer Krisen gibt,
auch wenn diese Wege leidvoll sind.
Wir wollen nicht in heile Welten fliehen,
aber wir würden gern in dem, was wir lesen,
Einsichten entdecken,
die den größeren Rahmen herstellen,
in dem das Leid nicht nur sinnlos ist,
sondern in dem es eine Möglichkeit gibt,
geläutert aus dem Leid hervorzugehen.
Wir brauchen Bücher, die unsere Fähigkeit
zur Verwandlung in schweren Zeiten aufzeigen.

Wir brauchen nicht noch mehr Bücher
über unsere gemeinen Seiten,
unsere Niedertracht und Verlorenheit.
Wir haben Sehnsucht nach Geschichten,
die uns Mut machen, erfüllt und reif zu leben.
Wir appellieren an die Fantasie der Dichter.

Wir brauchen neue Geschichten
über die Liebe zur Erde,
an denen wir uns orientieren können.
Wir brauchen neue Romane,
in denen die reife Liebe
ein anstrebenswertes Ziel ist
und in denen das Leben
trotz seiner Kämpfe
lohnenswert und erfüllt ist.
Wir brauchen eine neue Mythologie,
in der unsere Seele sich ausdrücken
und in die unser Geist fließen kann,
um eine neue Heimat zu finden.

Wir brauchen weite Bilder
und einen kühnen Ausblick,
um selbst weit und mutig zu werden.

möglich-
keits-
gläubig
sein

Es ist Zeit

Es ist Zeit, uns nicht mehr
auf das zu konzentrieren, was nicht geht.
Es ist leicht, noch einmal,
zum tausendsten Mal,
die lange Litanei der Unmöglichkeiten
herunterzubeten und zu betonen, dass der
Mensch kleinlich, egoistisch und böse ist.
Das Trachten des menschlichen Herzens
ist böse von Jugend an,
haben wir aus der Bibel gelernt
und gedankenlos nachgeredet,
ohne uns selbst als wirklich böse zu sehen.

Komm, wir wollen uns auf das Unglaubliche,
das in uns steckt, konzentrieren.
Wir wollen es hervorlocken, gestalten
und so fest damit rechnen,
dass wir es herbeiglauben.

Wir brauchen Künstler und Künstlerinnen

Wir brauchen Künstler und Künstlerinnen
die es selbst satt haben,
immer noch einmal den Zerfall der Welt
zu malen, zu tanzen, zu fotografieren,
in Stein oder Holz zu hauen,
und die bereit sind,
einer tieferen Sehnsucht in sich nachzugehen,
die sie vielleicht selbst schon
ganz aus den Augen verloren haben:
ihre Hoffnung, ihre Liebe
und ihren Glauben zu gestalten,
so klein sie auch sein mögen.
Schönheit allein und eine eigenwillige Form
werden uns nicht retten. Wir brauchen mehr.
Wir brauchen Mutige,
die nach Farben und Formen greifen,
die uns mit Sinn erfüllen
und vielleicht sogar glücklich machen,

weil es nichts bringt,
im Negativen zu wühlen
und daraus eine Ästhetik zu machen.
Es geht nicht um eine vordergründige
und platte Oberflächlichkeit
und nicht um billige Antworten,
die wir alle nicht glauben können.
Es geht um einen inneren Einsatz,
bei dem Künstler an sich selbst arbeiten,
wenn sie ihre Kunst schaffen,
oder lieber schweigen,
anstatt noch mehr Hoffnungslosigkeit
zu verbreiten,
an der andere zerbrechen.

Nicht
was hinter uns liegt,
soll uns bestimmen,

sondern das,
wozu wir nach vorne hin
bereit sind.

Zuversicht

„**Zuversicht,** die; - (mhd. zuoversiht, ahd. zuofirsiht = das Voraussehen): festes Vertrauen auf eine positive Entwicklung in der Zukunft, auf die Erfüllung bestimmter Wünsche und Hoffnungen." (Duden)

Könnte es nicht sein,
dass die Zukunft der Welt
an unserer Zuversicht hängt -
nicht an unserer Blauäugigkeit
oder der Verleugnung der Probleme -,
aber an unserer entschiedenen Hoffnung,
an unserer verwandelnden Liebe
und an unserer Leidenschaft für das Leben?

Nur wenn wir Hoffnung atmen,
trotz der sich auftürmenden Hindernisse,
nur wenn wir Hoffnung sprechen,
trotz der Lügen und des Geschwätzes um uns,
wenn wir Hoffnung lachen, ahnen, träumen,
setzen wir etwas gegen die Zerstörung.

Es gibt eine Schau der Zukunft:
vorbei an den Kinderkrankheiten,
an unserem Zögern, erwachsen zu werden,
vorbei an unserer Halbherzigkeit und Härte,
an unserem Egoismus, der uns klein macht,
vorbei an Katastrophen und Kriegen.
Diese Sicht kann schon sehen,
dass wir uns selbst überwinden werden,
dass Krieg und Terrorismus
keine Lösungen sind, und dass wir
zu reifen Verwaltern der Welt werden.

Mit dieser Sicht beginnt schon jetzt
der Wunsch aller Wünsche
– geliebt zu werden und zu lieben –
in Erfüllung zu gehen. Dann wird
Zuversicht unser Kennzeichen sein,
Hoffnung unsere Atmosphäre
und gelebte Nächstenliebe unser Einsatz.

Wir warten auf dich

Wir warten auf dich, **alternder Mann,**
in der Sicherheit deiner Wohnung
und in der Ordnung deiner Altersrücklagen.
Du kannst das Rückgrat sein
für eine unstete Welt.
Hilf uns und dir,
dass nicht alles, was kostbar ist,
durch die Gemeinheit einiger verschwindet.
Zeige uns, dass dein eigentlicher Schatz
nicht in deiner Wohnung
und deinen Ersparnissen liegt,
sondern in den unfassbaren Werten,
die du seit langem mit viel Geduld sammelst.
Setze deine Worte so,
dass nicht dein Alter,
aber deine Weisheit spricht.
Du kannst etwas bewirken.

Wir warten auf dich, **Abiturientin**
mit der offenen Zukunft vor dir,
die im Augenblick nichts und niemand
für dich zu verschließen vermag.
Wir warten auf dich,
weil mit dir, ja, mit dir,
mit deiner Energie und deinem Wissen,
das Leben sich eine andere Zukunft bereitet,
aber nur wenn du begreifst,
dass es ohne dich nicht geht.
Du kannst dein ganzes Wesen einsetzen,
deine Jugend, deine Lebendigkeit,
deine liebevolle Begeisterung und Intelligenz
und Menschen werden auf dich hören,
weil sie in dir eine neue Zukunft sehen.
Deine Bejahung des Lebens,
deine Hoffnung und Freude,
deine Leidenschaft werden sie anstecken.
Mit deinem Einsatz wirst du dir selbst
eine Zukunft sichern.

Wir brauchen dich, **du Manager**,
mit deinem Penthouse und deinem Porsche.
Viele würden ihre Seele verkaufen,
um das zu haben, was du hast –
für deinen Erfolg und dein Geld.
Zeig´ ihnen, dass Geld nicht alles ist
und dass deine Seele viel kostbarer
als alles, was du besitzt,
dass du nicht käuflich bist
und nicht im Ansehen steckenbleibst.

Wir warten auf dich, **Hausfrau**,
die du dich als durchschnittlich empfindest
und nicht auffallen willst. In deinem Wesen
steckt geballte Energie, die dazu beiträgt,
die Welt aus den alten Angeln zu heben.
In deiner Herzenskonzentration
erholt sich das Leben vom Missbrauch
und auch wenn du niemandem auffällst,
schaffst du eine neue Welt.

Wir brauchen Partnerschaften

Wir brauchen Partnerschaften und Ehepaare,
in der keiner der beiden
in der Unfreiheit der Beziehung gefangen ist.
Ich stelle mir zwei Menschen vor,
die in Jahrzehnten aneinander gewachsen sind,
ohne bitter zu werden
und ohne sich füreinander zu opfern.
Die einander geholfen haben,
mehr das zu werden, was sie in der Tiefe
ihrer eigenen Seele gespürt haben.
Die nicht aufgegeben haben, das Wunder,
zueinander zu finden, zu vollbringen.
Von einem solchen gemeinsamen Leben
würde eine große Kraft ausgehen,
von der die Hoffnungslosen, die Verzagten
und die Ängstlichen zehren könnten.

Zehn Anweisungen zur inneren Verwandlung

1. Glaube nicht, dass du weißt, wie es mit der Welt weitergeht.
2. Erkenne dich selbst im anderen, auch in dem Menschen, den du nicht magst.
3. Begreife, dass alle Veränderungen in der Welt bei dir beginnen müssen.
4. Vergiss nicht, dass das meiste der Welt unsichtbar ist. Unendlich viel geschieht, ohne dass wir es merken.
5. Entscheide dich, Mut zu haben zum Unangenehmen, aber achte darauf, dass du selbst bei der Herausforderung, die du bildest, nicht unangenehm wirst.
6. Lebe so, dass andere auch leben können.
7. Suche Menschen, die auf einem Weg sind, der deinem ähnelt. Bilde eine Verschwörung der Hoffnung mit ihnen.

8. Achte darauf, dass nicht auseinander klafft, was du denkst und was du tust. Noch immer ist der Weg zwischen Kopf und Herz ein sehr langer.
9. Halte die Spannung zwischen Gelassenheit und Engagement aus. Beides ist nötig zur persönlichen Veränderung und zur Veränderung der Welt.
10. Lass dich nicht „billig einkaufen" für Ruhe, Sorglosigkeit, Geld, Ansehen, Pflegeleichtigkeit und persönlichen Vorteil. Werde unkäuflich! Widerlege die zynische Aussage, dass „jeder Mensch seinen Preis habe", mit deinem Leben.

Ich habe einen Spötter getroffen

Ich habe einen Spötter getroffen,
der in der Schlauheit seines Weges
alles nur belächeln konnte,
dem es an Liebe fehlte,
und der sich darum nichts und niemandem
schenken konnte. Der nichts annahm,
weil er Angst hatte sich damit zu binden.
So bespöttelte er alles.
Seine Mundwinkel zogen sich nach unten,
nicht empfindsam und dunkel, wie bei einem,
der unter der Schwere der Welt leidet,
sondern kleinlich, eng und ohne Weite.
Die Energie, die von ihm ausging,
war wie ein stiller Brand, der alles auffraß.
Ohne großen Einsatz riss er ein,
was andere mit Mühe geschaffen hatten.
Ein kleines Feuer
kann einen großen Wald verbrennen.

Sein Spotten war manchmal so intelligent,
dass er dafür gelobt wurde.
Er bildete sich etwas
auf seinen „Durchblick" ein,
tat aber letztlich nichts anderes,
als Menschen den Glauben zu nehmen,
dass noch etwas getan werden könne.
Er tat es mit soviel Wissen und Intelligenz,
dass kaum jemand merkte,
wie tief er seine Zuhörer aushöhlte
und wie zerstörend jedes Wort von ihm war.
Er bildete sich sogar etwas darauf ein,
dass er mit seiner „Aufklärung"
über den „wirklichen Stand der Dinge"
einen wertvollen Beitrag lieferte.
Denn er merkte nicht,
dass er dem Leben die Energie nahm
und dass den Menschen, die ihn hörten,
die Lebenslust verging.

In diesen Zeiten

Wenn das Eis in den Flüssen kracht
und sich als Eiszeit aufs Land schiebt,
wenn die Kälte wie eine große Fahne
über dem Land knallt und der Frost als
weißer Meister nach jeder versteckten
Wärme sucht, wenn die Wahrheit einschneit
wie eine Blockhütte, zu der keine Spuren
hinführen und keine von ihr fort,

dann achte auf Kleinigkeiten,
auf deine spröden, aufbrechenden Lippen,
die kaum sprechen mögen
und nicht mehr küssen können,
auf das Bellen der Wölfe im Wald,
die sich an ihrem Hunger verschlucken.
Achte auf deinen Vorrat an Kerzen,
wenn die Dunkelheit dichter wird,
als du sie ertragen kannst.

Vielleicht schmilzt ab jetzt
das Eis unserer Welt nicht mehr
und der Fluss fließt unsichtbar
unter seiner weißen Decke durchs Dorf.
Dann suche nach dem orangenen Schein
eines Fensters, nach dem flackernden Licht,
nach dieser kleinen Hoffnung –
nicht größer als eine Scheibe Brot,
eine Tasse Tee, ein Augenpaar.

Wir brauchen Regisseure

Wir brauchen nicht noch einen Film
über Napoleon oder Hitler,
über Krieg und Gewalt.
Wir brauchen Vorbilder,
die unser Leben berühren
und andere Werte verkörpern
als Kriegsführung und Militarismus,
als Strategie, Macht und Gewalt.
Die wahren Helden sind die,
die keine Angst vor dem Freund zeigen,
die offen und ehrlich sagen,
was sie sehen und doch weiter lieben.
Die wahren Helden unterdrücken nicht,
sondern sie erheben,
sie sind nicht größer und mächtiger,
sondern sie sind wie wir alle,
nur gehen sie mit ihrem täglichen Leben
anders um als die meisten von uns:

Sie verwandeln Angst in Mut.
Wir brauchen Regisseure,
die uns mit der Sanftheit ihrer Bilder
Mut machen, erwachsen zu werden,
die mit ihren Geschichten
eine Welt ins Leben rufen,
in der Liebe und Hoffnung echte Werte sind.
Die uns in ihren Filmen Menschen zeigen,
die nicht auftrumpfen müssen,
um sich selbst treu zu sein,
sondern die in ihrer inneren Stärke
entschieden ihren Weg gehen.
Wir brauchen Regisseure
mit einer Vision für den Menschen,
die nicht überhöht und unwirklich ist,
die aber fähig ist,
die Tiefe und Höhe des Menschen zu zeigen.
Wir brauchen eine Bildersprache,
die nicht vom Kommerz ruiniert ist,
sondern den Menschen ehrt und würdigt.

Erst wenn
wir uns
mit ganzem
Herzen
für etwas
einsetzen,
können wir es
von innen
verstehen.

Warum soll ich ein Wolf für dich sein?

Wer hat bestimmt,
dass wir zutiefst gegeneinander
und nicht miteinander leben wollen?
Gibt es eine Regel, die die Liebe
zum Scheitern verurteilt hat?

In deiner und meiner Entscheidung
entsteht die Welt zu dem, was wir glauben.
Wenn du den Wolf erwartest,
steht er an deiner Tür.
Wenn du den Hass nicht verstehst,
breitet er sich aus.
Wenn du keine helfende Hand ausstreckst,
dann lebst du sogar gegen dich selbst.
Wenn du Regeln übernimmst,
die du nie in dir gespürt hast,
dann werden sie dich regieren
wie eine fremde Macht.

Die ganze Welt schreit nach Liebe,
nach Zuwendung, nach Verständnis –
und sie tut es in der Form eines Menschen,
der dir und mir nahesteht.
Die Verwandlung beginnt da,
wo wir zuause sind.

Ich traue uns zu, dir und mir,
dass wir erkennen, was nötig ist, und es tun.
Jede Reise beginnt mit einem ersten Schritt.
Jede Veränderung beginnt bei dem Menschen,
der die Einsicht hatte.

Nichts ist in Stein gehauen,
nichts ist festgeschrieben,
nichs ist unabänderlich.
Nur unsere zu kleine Fantasie
ist die Grenze.

Aus Liebe zur Erde

Es gibt die, die auf eine neue Erde
und einen neuen Himmel warten.
Ihre Gebete kreisen um diese Erwartung
und es vergeht kein Tag, an dem sie nicht
das Augenmerk darauf richten
und die Zeichen deuten,
die das Wunder bringen werden.
Sie haben es hundertmal errechnet
und es ist nur um die nächste Ecke.
Es fehlt nur noch dieses oder jenes Ereignis,
und dann ist es so weit,
und jedes Leid ist nur ein Mosaiksteinchen
in dem großen Bild, das Gott fertig stellt,
und jedes Unheil ist nur Ausdruck des Bösen,
das Gott ausrotten wird. Ihr Gott greift ein
in das, was wir verdorben haben.
Er wird sintflutartig die Erde säubern
und wieder Herr sein.

Und sie werden mit ihm regieren
und die Erde wird wieder des Herrn sein,
nach diesem Zwischenspiel des Menschen.

Ich weiß nicht, ob es so sein wird.
Ich bitte Gott
- nicht in unzureichenden Worten,
die ich satt habe, weil sie so billig sind -,
aber mit meinem Wesen,
mit meiner Liebe zur Erde, zu ihren Farben,
mit meiner Verliebtheit in das Meer,
das an mir emporläuft und an mir herabsinkt
mit seiner Ebbe und Flut,
mit seinem Glänzen und Schluchzen,
ich bitte Gott
um die größte aller Verwandlungen:
Um die Erneuerung unserer Herzen,
damit wir zurück oder nach vorne finden
zu der alten und neuen Liebe zur Erde.
Diese Welt ist es wert.

Ich liebe die Erde, meine Mutter,
die mich gefüttert hat,
an deren Brust ich gelegen habe,
als ich durch die Landschaften
meiner Kindheit streifte,
in den weiten Wiesen Norddeutschlands
und in den wilden Regenwäldern am Pazifik.
Ich liebe die Landschaften,
die ich jetzt durchschreite
in wachsender Bewusstwerdung
und größerer Verantwortung.

Ich liebe die Obstplantagen
des Alten Landes, die Wüsten Mexikos,
die Weinberge des Rheins
und die baumlose Leere Islands.
Es gibt nichts,
das der Planet hervorgebracht hat,
was nicht seinen eigenen Reiz hat
und nicht Perle und Puzzlestück

in der großen Ordnung der Dinge wäre.
Und wenn ich spüre,
dass wir Menschen unmenschlich werden
und das zerstören, was uns erhält,
dann will ich aufbegehren
und für die Erde kämpfen.
Ich will mich in Demut üben
und meine Liebe zur Erde verdoppeln.
Es ist mein Bestreben,
mich einzupassen in die Weisheit des Musters
und in den Ablauf, der gut ist,
trotz seiner herben Schmerzen
und seiner harten Unverständlichkeiten.

Ich werde weiter glauben,
dass die Welt zu retten ist.
Ich werde nicht im Chor
der Hoffnungslosen mitjammern.

Bekenntnis

Ich glaube an unsere tiefe Liebe
zu dieser Erde mit ihren Geschöpfen.
Ich glaube, dass viele bereit sind,
Opfer zu bringen, um die Erde nicht mit
Forderungen in den Abgrund zu stürzen.
Ich glaube, dass unsere Reife uns zeigen wird,
wie gefährlich es ist, jetzt so weiter zu leben,
wie wir in den letzten Jahrzehnten gelebt haben.
Ich glaube, dass unsere Fantasie
gangbare Wege finden wird,
wie wir im Einklang mit der Natur
auf allen Erdteilen ohne Not leben können.
Ich glaube, dass sich die Anzahl derer,
die sich intensiv Gedanken machen,
wie die Welt zu retten ist, jeden Tag wächst
und dass diese Menschen schon bald
eine kritische Masse bilden,
durch die das Neue überzeugend

Wenn wir
versagen
und Fehler
machen,
dann
nach vorne
fallend,
um etwas für
das Leben
zu wagen,
und nicht,
um Altes,
das sich selbst
längst
überlebt hat,
zu bewahren.

überall auf der Welt sichtbar werden wird.
Ich glaube, dass wir uns selbst überraschen
werden durch unsere Fähigkeit,
umfassender zu lieben, aufbauender zu hoffen
und die Welt in ihrem inneren Gefüge
noch besser wahrzunehmen und zu verstehen.
Ich glaube, dass uns noch große Entdeckungen
auf inneren Abenteuerreisen bevorstehen.
Ich glaube, dass wir unser Pontential
noch nicht annähernd erreicht haben
und uns noch beglückende Entwicklungen
und verblüffende Einsichten erwarten.
Ich glaube, dass wir irgendwann
mit einem vergebenden Lächeln
auf diese Zeit zurückblicken werden,
weil wir erkennen, dass wir
als gesamte Menschheit noch jung,
unerfahren und voller Ungeduld waren.
Ich glaube, dass mit dem, was zu Ende geht,
auch etwas Neues geboren wird.

Ich glaube, in Zukunft wird
unser Dasein selbst und nicht, was wir leisten,
das erstaunlichste sein. Das Wunder,
das jeder ein einmaliger Mensch ist,
wird uns noch tiefer beeindrucken.
Ich glaube, dass unser Blick
für das Gute im Menschen
die Welt verwandeln wird.
Ich glaube, dass wir zunehmend mehr
den Zugang zu einem Wissen finden werden,
das schon lange in uns gelebt und
darauf gewartet hat, ausgedrückt zu werden.
Ich glaube, dass wir vor dem Quantensprung
in eine neue Wirklichkeit stehen,
in der wir sorgfältiger und liebevoller
miteinander umgehen werden.
Ich bin zuversichtlich,
dass wir noch eine lange Zukunft
auf diesem wunderbaren Planeten haben.

Wir brauchen Schauspieler

Wir brauchen Schauspieler, die sich weigern,
noch einen weiteren Film zu drehen,
in dem Menschenleben nichts gelten
und die Gewalt der Waffen im Zentrum steht.
Gewalt ist Ausdruck unserer Krankheit,
und noch nie hat es uns gedient,
die Gewalt zu verherrlichen.
Immer ist daraus mehr Gewalt geworden.
Wir brauchen Schauspieler,
die selbst gereift sind und darum
reife Rollen spielen können,
und sie so überzeugend spielen,
dass Altern und Reifen
etwas Anziehendes sind.
Es ist Zeit, das Unreife in unserer Kultur
nicht mehr zu verherrlichen,
Oberflächlichkeit nicht mehr zu begünstigen
und kurzfristigen Lösungen

nicht mehr zu trauen.
Wir brauchen Schauspielerinnen,
die uns wieder mit der Tiefe unserer Gefühle
in Verbindung bringen und uns aktiv helfen,
über uns selbst hinauszuwachsen.
Wir brauchen Regisseure,
die den ungewöhnlichen Mut haben,
die Größe des Menschen und die Fähigkeit,
Spannungen in Reife zu verwandeln,
auf die Leinwand zu bringen,
nicht vordergründig und kitschig,
sondern aus der Tiefe ihrer Überzeugung.

Wir brauchen Schauspieler,
die ihr Handwerk lieben und die nicht
verloren gehen in ihrem Ruhm and Ansehen,
die in ihrer Liebe zum Menschen
auf ihrem Gesicht und in ihrem Körper
eine Welt entstehen lassen,
die für viele wegweisend sein kann.

Wir brauchen Medien

Wir brauchen Menschen bei den Medien,
die in ihren Entscheidungen
von einer tiefen Liebe zum Menschen
bewegt werden und nichtvon der Tyrannei
der Einschaltquoten.
Wir brauchen Medien,
die in der menschlichen Suche nach Sinn
das größte Abenteuer aller Zeiten sehen.
Was wir hören und sehen, formt uns
und gibt unserer inneren Welt Gestalt.
Es würde uns viel Energie geben,
wenn es Bilder des Glaubens, des Muts
und der Hoffnung wären,
die unsere Ohren und Augen überfluten.
Wir brauchen Medien,
die die Würde des Menschen wahren
und die von einer Vision für den Planeten
beseelt sind.

Es ist Zeit, unsere Verwöhnung abzulegen

Es ist Zeit, unsere Verwöhnung abzulegen,
uns selbst nicht mehr zu verhätscheln,
als wären unsere persönlichen Probleme
das Wichtigste auf der Erde.
Es geht um unendlich viel mehr.
Die Existenz unserer Welt ist gefährdet.
Wir werden nicht sterben an dem Verlust
unseres Luxus, aber andere werden sterben
an dem, was wir uns nicht versagen können.

Wir dürfen unsere Ernsthaftigkeit
nicht an Nebensächlichkeiten verschwenden
und dabei den Überblick verlieren.
Es wird immer nötiger, uns selbst
und einander Verzicht abzuverlangen
und neu zu entdecken, dass weniger mehr ist.
Verwöhnung ist Untergang im Selbstmitleid
und Vernachlässigung des großen Auftrags.

Ich erlaube dir,
mir die Wahrheit
zuzumuten.

Die große Entscheidung

Wir stehen an einer kritischen Wegscheide.
Die Welt, die wir geschaffen haben,
wird nicht mehr lange halten,
wenn wir nicht etwas tun.
Die Unsicherheit und Unzufriedenheit
unserer Welt sind unsere große Chance.
Herrschaftssucht und Umweltzerstörung,
mit denen wir uns die Welt untertan
gemacht haben, müssen ersetzt werden
durch eine tiefe Liebe zu diesem Organismus,
der unser Leben ist.

Noch nie gab es sechs Milliarden Menschen
auf diesem kleinen Planeten,
noch nie stand alles so auf Messers Schneide
für unsere Mutter Erde. Noch nie waren wir so
am Rande der Unumkehrbarkeit -
diesem großen und endgültigen Absturz.

Noch nie war es so nötig,
unser Herz zu verändern.
Werden wir den Durchbruch finden
zu einem neuen Verständnis der Welt
und zu unserem Platz in ihr?

Gerade mitten im Chaos,
wenn alles zu Ende zu gehen scheint,
gibt es die Möglichkeit des Neuen.
Wenn die Not am größten ist,
wird unsere Suche so ernst wie nie vorher.

Was wir alle verursachen,
können wir letztlich nur alle lösen.
Nicht die Experten erlösen uns,
nicht die Führer und Verführer,
nicht die Großen und Berühmten
sondern der Einsatz eines jeden von uns –
diese kleine tägliche Hoffnung,
die neues Leben möglich macht.

Was wird eine junge Frau im Jahr 2024 an uns schreiben?

Ich verstehe euch nicht, wie ihr,
die ihr vor 20 Jahren im Jahr 2004
schon erwachsen wart,
so wenig eingesetzt habt,
den Planeten zu retten, diese herrliche Erde.
Ihr müsst doch gemerkt haben,
wie alles zusammenbrach und die Welt
auf den Abgrund zuraste.
Wie jeden Tag 100 Spezies ausstarben,
wie das bebaubare Land schrumpfte.
Ich habe die Bücher von damals gelesen,
die euch warnten und betonten,
dass es einen Punkt gäbe,
ab dem vieles unumkehrbar sein würde.
Und doch habt ihr weiter gemacht
mit alten Vorstellungen,
mit der Dummheit des Krieges,

mit dem Materialismus und seinem
finstersten Ausdruck im Kapitalismus.
Was habt ihr euch dabei gedacht?
Ihr habt doch selbst gemerkt,
wie das Klima sich veränderte,
ihr habt Bilder der Dritten Welt gesehen
und wart Zeugen der zunehmenden Verarmung
dieser Länder und ihr müsst gewusst haben,
dass die Menschen dort irgendwann
den große Aufstand machen würden.
Ihr müsst gemerkt haben,
- spätestens beim Irakkrieg -,
dass Krieg keine Antwort ist,
sondern eine Krankheit,
an der wir schon unendlich lange leiden,
und doch war euer Aufschrei
nicht groß genug, weitere Kriege zu verhüten.
Ihr habt die Not nicht
in die Tiefe eures Herzens genommen.
Ihr habt darüber nachgedacht und diskutiert,

aber ihr habt es euch nichts kosten lassen.
Ihr seid dem alten Glauben gefolgt,
dass diese Welt ewig halten wird,
dass ihre Ressourcen unerschöpflich sind
wie sie es immer waren.
Aber es ist anders gekommen.
Wir Menschen sind wie ein Geschwür
an der Welt, und vielleicht wird es gut sein,
wenn wir bald vom Erdboden verschwinden,
weil die Welt unsere Habgier, Dummheit
und Unbewusstheit nicht länger erträgt.
In meiner Hilflosigkeit und Frustration
mache ich euch Vorwürfe,
weil ihr das Schicksal der Welt
noch umkehren konntet.
Ihr habt es nicht getan.
Wir leben jetzt mit euren Taten
und sterben an ihnen.
Ich weine um dieser herrliche Erde.

...oder wird sie schreiben:

Ich danke euch für euren Einsatz
in den ersten Jahren dieses Jahrhunderts,
weil ihr mit diesem Einsatz
die Welt gerettet habt.
Wenn ich Bücher aus der damaligen Zeit lese,
dann sehe ich, wie zugespitzt die Lage war.
Eure Welt mit den alten Werten,
in denen ihr aufgewachsen seid,
brach zusammen, und ihr habt euch
nach neuen Werten umgesehen
und dabei euer Herz auf neue Weise entdeckt.
Ihr habt die alten Grenzen aufgehoben,
die euch eingeschlossen hatten in eurem Land,
in eurer Religion und Rasse,
in überlieferten Vorstellungen,
die in einer anderen Zeit entstanden sind.
Ihr habt begriffen, dass ihr ein Teil
eines großen Organismus seid,
der aus Luft und Wasser,

aus Pflanze, Tier und Mensch besteht,
aus Schwingungen, Energien und Strahlen,
aus Partikeln und Wellen,
aus Hoffnung, Verzweiflung,
Hunger, Freude und Glück.
Ein Organismus, in dem alles auf alles wirkt,
und alles durch feinste Fäden
miteinander verbunden ist.

Ich danke euch, dass ihr mir
die Welt erhalten habt.
Ich werde eurem Weg folgen
und ihn weitergehen.
Ich werde Opfer bringen,
partnerschaftlich denken und leben,
und an meiner Bewusstwerdung
als meiner Lebensaufgabe arbeiten.
Ich werde den Geist allen Lebens ehren.
Ich werde euren vorbildlichen
Entscheidungen folgen und sie vertiefen.

Ich werde mitarbeiten an der Genesung
des Planeten, weil das auch immer
unsere eigene Genesung bedeutet.
Durch euch habe ich begriffen,
dass es nicht die Großen der Welt waren,
nicht die Präsidenten und Chefs
und nicht die Kapitäne der Industrie,
die die Wandlung herbeigeführt haben
und sie noch herbeiführen,
sondern dass jede und jeder Einzelne
einen winzigen Stein des Mosaiks bildet
und dass ich mit meiner Liebe und Hoffnung
und mit meinem mitleidenden Herzen
in der Mitte der Welt stehe
und von dort aus die Verwandlung geschieht.
Ich gebe euch die Hand über die Zeit hinweg
und danke euch, dass ihr mir das Leben
ermöglicht habt. Ich schätze mich glücklich,
auf der Erde leben zu dürfen,
die ihr mir gerettet habt.

Ein neues Denken

Ich stelle mir vor,
wie immer mehr Menschen auf der ganzen
Erde den Sprung in ein neus Denken wagen.
Von Generation zu Generation
müssen die Inhalte dieses Denkens
neu beschrieben und benannt werden.
Jetzt sind wir dran.

Es ist bereits da,
dass wir uns selbst und einander
besser verstehen wollen,
um einander besser lieben zu können.
Auch wenn es für manche noch ungewohnt ist,
wird die Welt doch verändert werden,
Es lohnt sich auf allen Ebenen unseres Lebens.

Millionen leben schon so.
Wenn ich mitmache, und du, und du,

und ihr, und ihr auch,
dann entsteht diese Welt.
Dann ist sie nicht aufzuhalten,
und die gute aufbauende Seite,
die jeder in sich trägt,
wird nicht untergehen in der Trägheit
und Gleichgültigkeit, die auch in uns stecken.

Ein Feuer des Bewusstseins wird entstehen
und wir werden für diese neue Welt brennen
und alles, was wir lange kennen,
werden wir neu erfinden
aus einer ständig wachsenden Einsicht.
Wir werden Tiefen erreichen,
die wir früher nicht geahnt haben,
und in sie steigen und die Schätze heben,
die wir für diese neue Welt brauchen.
Wir selbst sind das Rohmaterial
der neuen Welt.

Erwarte nicht,
dass dir jemand
genau sagt,
was du zu tun hast.
Entwickele
eine neue Haltung
und eine globale Perspektive,
aus der du
entscheiden kannst.
Erst dann
arbeitest du mit
an der Erhaltung
der Welt.
Erst dann bist du frei.

Nimm es nicht so wichtig

Nimm nicht so wichtig, was unwichtig ist:
Status, Ämter, Würden,
das Wirken-Wollen und Beeindrucken,
die leeren Handlungen und Reden,
die nicht von Herzen kommen,
die Absicherungen und Vorkehrungen.

Konzentriere dich auf das Wenige,
das wirklich den Unterschied macht:
die kostbaren Beziehungen,
die kleinen, erfüllten Momente,
die große Sicht für die Welt,
das reife Lieben, das entschiedene Hoffen.
Am Lebensende wird nur das gelten.
Warum es nicht schon jetzt
zum Mittelpunkt machen und beobachten,
wie sich das ganze Leben verändert?
Es wird dir nicht leid tun.

Weltbürger sein

Die Zeit des Weltbürgertums hat begonnen.
Es hat schon immer einige gegeben,
die überall auf der Welt zuhause waren
und für die ganze Welt dachten,
nicht nur für ihre Familie, ihre Sippe,
ihr Land, ihre Glaubensgemeinschaft,
und die das gesamte Wohl des Planeten
im Auge hatten.
Von ihnen können wir lernen.

Es ist Zeit, die Zöllner
aus unseren Herzen zurückzurufen.
Sie brauchen nichts mehr prüfen.
Mit den äußeren Grenzen
werden auch die inneren Grenzen überwunden.
Die Schlagbäume sind hochgezogen,
jeder darf mitbringen, was er will.
So treffen die Farben, die Meinungen,

die Religionen und Weltanschauungen
aufeinander, und anstatt einander
zu bekämpfen, ergänzen sie sich.
Das ist das Wunder.

Wir werden das bunte Gemisch überleben
und am Ende entdecken, dass wir alle
Menschen mit Ängsten und Freuden sind
und dass es der neuen Welt entspricht,
respektvoll mit dem Andersartigen umzugehen
und auf eine tiefe Weise füreinander zu sorgen.

Vielleicht werden unsere Nachkommen
unsere Zeit Das Zeitalter
der unbeschreiblichen Begegnungen
nennen, weil sich alle trafen und
mit Erstaunen entdeckten, dass es möglich ist
gemeinsam auf diesem Planeten zu leben,
ohne einander zu beherrschen oder auszunutzen.
Wir werden einander nicht mehr missionieren,

sondern versuchen, einander zu verstehen.
Auf dieser kleinen blauen Murmel,
die durch das All fliegt, werden wir
ein blaues Bewusstsein ins Leben rufen,
und ein grünes, wir werden farbiger leben
als je in unserer Geschichte.
Wir werden einander tiefer erkennen,
als wir es für möglich hielten.
Wir werden neue Wege suchen und finden
und damit Grenzen aufheben,
die bisher unüberwindbar schienen.

Wir werden eine neue Welt schaffen,
getragen von Bewusstheit und Verantwortung.
Sie wird kein Paradies sein,
weil die Probleme nicht ausbleiben werden.
Aber mit unserer Hoffnung werden wir
gemeinsam Lösungen finden, um diesen
herrlichen Planeten blühen zu lassen
und so selbst wieder eine Zukunft zu haben.

Wir
wollen
so leben,
dass
andere
auch
leben
können.

Hoffnungstest
Messen Sie Ihren HQ – Ihren Hoffnungsquotienten

Dies ist nicht nur ein theoretisches Buch, sondern ebenso ein praktisches. Und da, wo es das bei der Leserin und dem Leser nicht wird, hat es seinen Sinn verfehlt. Hoffnung zu haben heißt zwar, eine gedankliche Position einzunehmen, aber das ist nur der Anfang. Es geht um angewandte Hoffnung, die sich in jedem Teil des Lebens ausdrückt. Darum ist es gut, unsere Hoffnung in allen Teilen unseres Lebens zu prüfen. Zu leicht vertreten wir eine gewisse Position, leben aber nicht entsprechend und betrügen uns dabei selbst. Aus diesem Grund habe ich den folgenden Test entwickelt. Man kann das eigene Leben nur sehr unzureichend mit einer Reihe Fragen prüfen, aber es ist ein Anfang. So ist dieser Test zu verstehen. Er ist in vier Bereiche unterteilt. Die Fragen beziehen sich auf unser alltägliches Leben – eben auf das, wo die Hoffnung ihren praktischen Ausdruck braucht. Oft leben wir nicht, was wir leben wollen. Wählen Sie darum bei Ihrer Benotung einen Mittelwert zwischen dem, was Sie denken und glauben einerseits, und dem, wie Sie handeln andererseits. Ideal wäre, wenn wir für beides eine Note geben können, wenn wir also das leben, was wir glauben.

Geben Sie den folgenden Aussagen einen „Wert“, zwischen 0 und 5. Geben Sie eine 0, wenn Sie überhaupt nicht mit der Aussage übereinstimmen, oder wenn Ihnen die Frage nichts bedeutet. Geben Sie eine 5, wenn Sie stark mit der Aussage übereinstimmen. Lassen Sie sich Zeit beim Beantworten, aber achten Sie auch auf Ihre spontane Reaktion.

Benutzen Sie diese Skala: 0 1 2 3 4 5

A. Hoffnung für mich selbst

Alles beginnt bei uns selbst. Die Hoffnung, die wir für uns selbst haben, ist das Fundament, auf dem wir unser ganzes Leben aufbauen. Es ist wichtig, wie wir mit uns selbst umgehen und was wir von uns halten.

1. Meine Vergangenheit bestimmt mich nicht total. Ich bin frei, Entscheidungen zu treffen.	0
2. Ich kann aus meinen Fehlern lernen. Ich mache sie nicht umsonst, sie haben ihre Bedeutung. Gerade durch meine Fehler gewinne ich wichtige Einsichten.	5
3. Mir ist es wichtig, von ganzem Herzen das zu leben, was ich glaube.	5
4. Wenn ich meine Haltung verändere, verändere ich mich und damit die Umstände.	3
5. Jeder Mensch trägt eine Quelle unbändiger Kraft in sich. Ich werde mich bemühen, dieses Potenzial bei mir und anderen zu entdecken.	0
6. Hoffnung ist eine Einstellung, die erlernbar ist, indem man sich für sie entscheidet.	2
7. Ich konzentriere mich auf das, was ich tun kann, anstatt darüber zu klagen, was nicht geht.	0
8. Probleme sind verkappte Chancen. Herausforderungen im Leben sind eine Möglichkeit zu wachsen und zu reifen.	2
9. Ich lebe aus einer inneren Ruhe und Zuversicht, weil ich an die Wirkung glaube, die dadurch entsteht.	2
10. Ich glaube, dass oft wichtiger ist, wie ich bin, als alles was ich tue.	0
Meine Punktzahl in diesem Bereich ist:	19

B. Hoffnung in Beziehungen

Im Umgang mit Partnern, Freunden und Bekannten ist die Hoffnung ganz wichtig. Sie entscheidet, ob wir schwere Zeiten miteinander durchstehen und ob wir noch wachsen werden in unseren Beziehungen.

1. Ich konzentriere mich auf das Gute in meinen Mitmenschen.	2
2. Ich habe meine wichtigen Beziehungen noch nicht ausgeschöpft. Wir können noch viel miteinander entwickeln.	2
3. Was meine Mitmenschen tun, ist in dem Maße für mich verständlich, wie ich mich selbst kenne und verstehe.	2
4. Meine Zuversicht dem Leben gegenüber beeinflusst, wie andere mit mir in Beziehung leben.	3
5. In Partnerschaft und Freundschaft gehe ich davon aus, dass der / die andere eine lebendige und erfüllte Beziehung zu mir sucht.	0
6. Konfliktsituationen in Partnerschaft und Freundschaft können zum gegenseitigen Wachstum beitragen.	4
7. Ich denke gerne an andere und verfolge ihre persönliche Entwicklung mit Spannung.	5
8. Auch mit zunehmendem Alter kann ich noch einen wertvollen Beitrag in der Gesellschaft leisten.	2
9. Meine Vorstellungen von Beziehungen haben Konsequenzen für meine Beziehungen.	0
10. Ich begutachte und urteile nur, um dadurch eine Lösung für ein Problem oder einen Missstand zu finden, nicht um zu richten und abzuurteilen.	5
Meine Punktzahl in diesem Bereich ist:	25

C. Hoffnung für die Gesellschaft

Wie sieht der Beitrag meiner Hoffnung in den sozialen Strukturen aus? Glaube ich, dass hier Wachstum und Änderung möglich sind? Wo gefährde ich die Änderung durch meinen negativen Ansatz?

1. Es gibt viele aufbauende Ideen, Projekte der Hoffnung und lebensförderliche Menschen. Ich setze mich für sie ein.	2
2. Ich nehme die Kinder und Jugendlichen von heute so an wie sie sind und glaube an ihre Fähigkeiten, ihr Schicksal zu bewältigen.	1
3. Politische Wahlen geben uns die Möglichkeit, unsere Meinung zu äußern und gehört zu werden.	2
4. Meine Haltung dem Leben gegenüber beeinflusst die Haltung anderer. Meine Ausstrahlung hat eine Wirkung.	4
5. Jeder Mensch hat eine Bedeutung. Niemand ist unwichtig.	5
6. Positive Gedanken in die Welt zu schicken, Beten und Segnen können etwas in der Welt verändern.	4
7. Auch wenn ich durch Krankheit meine Leistungsfähigkeit verlieren sollte, werde ich nach Wegen suchen, weiter für alle in der Gesellschaft beizutragen.	
8. Ich setze meine Zeit, meine Energie und meinen Besitz ganz praktisch zur Hilfe anderer ein.	2
9. Ich bin nicht allein. Ich bin mit vielen Menschen verbunden, auch wenn ich es nicht immer merke.	0
10. Es ist möglich, den Problemen des gesellschaftlichen Umbruchs ins Auge zu sehen und trotzdem zu hoffen.	0
Meine Punktzahl in diesem Bereich ist:	19

D. Hoffnung für die Welt:

Unsere Existenz ist eingebettet in das Leben des Planeten mit seinen vielen Lebensformen. Unsere Hoffnung bestimmt, wie wir damit umgehen und wie unsere Lebenschancen sind.

14.05 D

1. Auch eine Einzelne / ein Einzelner kann viel in der Welt ausrichten.	3
2. Es ist möglich, aus der Hoffnung zu leben, auch wenn man die Zerstörung in der Welt sieht.	3
3. Es beunruhigt mich, wenn die Welt schlecht gemacht wird.	3
4. In Israel / Palästina wird es einmal Frieden geben. Ich stelle es mir aktiv vor. Ich „denke" Frieden.	3
5. Ich kann mir vorstellen, dass wir Menschen uns in unserer grundsätzlichen Art zu leben verändern werden. Ich glaube, dass die Menschheit zu wachsender Einsicht fähig ist.	0
6. Ich bin bereit, mich einzuschränken in dem, was ich konsumiere und was ich vom Leben erwarte, damit es anderen Menschen irgendwo auf der Erde besser geht.	[illegible]
7. Ich habe den Glauben, dass Entwicklung auf allen Ebenen in der Welt möglich ist.	1
8. Ich glaube, es ist möglich, eine sicherere, gesündere und friedvollere Welt für die nächsten Generationen zu schaffen.	1
9. Ich habe Hoffnung, dass die Menschheit mehr und mehr lernen wird, nachhaltig – das heißt in Harmonie – mit und in der Welt zu leben.	1
10. Verantwortlich zu leben heißt Hoffnung für die Zukunft der Welt zu hegen.	5
Meine Punktzahl in diesem Bereich ist:	
Meine Gesamtpunktzahl ist:	19

Verändere
dich
und
die Welt
wird eine
andere
für dich
sein.

Auswertung: Hoffnungsquotient HQ

Addieren Sie Ihre Punkte.

Es gibt Menschen, denen es leichter fällt zu hoffen als anderen. Es ist ihr Naturell. Es mag darum sein, dass ein gewisser Mensch viel mehr einsetzen muss, um eine Punktzahl von 150 zu erreichen, als ein anderer. Darum sind alle Ergebnisse mit Vorsicht zu genießen. Und doch glaube ich, dass die erreichte Punktzahl in jeder Abteilung und die gesamte Punktzahl etwas über unsere Haltung zu uns selbst und zur Welt aussagen. Es geht darum, uns selbst etwas besser kennen zu lernen und zu sehen, wo wir noch entwicklungsfähig sind.

über 150 Punkte
Sie sind ein Mensch der Hoffnung! Das heißt nicht, dass Ihnen das Hoffen immer leicht fällt. Aber Sie haben ganz tief begriffen, dass Leben durch Hoffnung entsteht. Darum achten Sie darauf, überall in Ihrem Leben von der Hoffnung auszugehen. Sie richten sich nicht nach den Umständen und lassen sich nicht von ihnen bestimmen. Sie arbeiten an Ihrer Haltung und beginnen bei Ihrer Haltung der Hoffnung anstatt bei den scheinbar hoffnungslosen Situationen, die Sie um sich erleben.

135 -149 Punkte
Sie leben aus einer Grundsubstanz an Hoffnung. Sie sind fähig, über das Alltägliche hinaus zu hoffen, auch wenn es schwierig ist. Aber es gibt bei Ihnen manchmal das Zögern, aus dieser inneren Entschiedenheit zur Hoffnung zu leben. Wahrscheinlich ist es einfach eine Frage der täglichen Übung, noch stärker von der Hoffnung im Leben geprägt zu sein.

120 -134 Punkte
Sie sind ängstlich, wenn es um Verwandlung geht. Sie machen einen Ansatz, an Verwandlung zu glauben, aber dann werden Sie wieder überrollt von den Umständen. Sie machen sich abhängig von den Umständen, leben mehr von außen nach innen als andersherum. Mal sind Sie voller Hoffnung und dann wieder ziehen die Umstände des Lebens Sie stark nach unten. Es wäre für Sie wichtig, noch konsequenter von der Hoffnung auszugehen, sich an die Einstellungen zu halten, für die Sie sich entschieden haben – wenn sie sich schon klar und deutlich entschieden haben. Suchen Sie den Umgang mit Menschen, die aus der Hoffnung leben, und vermeiden Sie Menschen, die an alles negativ herangehen.

unter 120 Punkte
Die Hoffnungslosigkeit ist stark in Ihrem Leben. Sie sehen das Glas halb leer und nicht halb voll. Sie neigen dazu, sich für einflusslos in der Welt zu halten. Vielleicht möchten Sie, dass sich etwas in der Welt verändert, sehen aber nicht, dass diese Veränderung durch Sie geschehen kann oder vielleicht sogar durch Sie geschehen muss. Sie gehen der Verantwortung aus dem Wege. Sie scheinen sich selbst wenig zu kennen und darum die Schuld und die Verantwortung schnell anderen zuzuschieben.
Dieses Ergebnis deutet darauf hin, dass eine grundsätzliche Entscheidung für die Hoffnung, ganz gleich was auch die äußeren Umstände sein mögen, noch nicht erfolgt ist. Sie entscheiden sich meistens erst in den Situationen selbst, anstatt schon mit einer inneren Hoffnungshaltung an die Situation zu gehen. Wenn Sie sich eine positivere Sicht des Lebens wünschen, müssen Sie sich kompromisslos für die Hoffnung entscheiden und nicht wieder hinter diese Entscheidung zurückgehen, ganz gleich, was auch in Ihrem Leben geschieht.

Es gibt noch eine andere Art diesen Test zu machen, aber sie kann viel innere Unruhe mit sich bringen. Bei Tests dieser Art neigen manche leicht dazu, sich so zu sehen, wie sie sein möchten, sich also schon ein wenig weiter zu sehen, als sie sind. Ihr Hoffnungsquotient fällt höher aus, als er in Wirklichkeit ist. Andere wiederum legen strenge Maßstäbe an und geben sich geringere Noten, weil sie merken, dass sie das, was sie begriffen haben, nicht immer konsequent leben. Ihr Hoffnungsquotient fällt tiefer aus, als er vielleicht ist.
Um uns selbst etwas klarer zu sehen, können wir einen Menschen, der uns nahe steht und uns gut kennt, bitten, diesen Test für uns zu machen. Dieser Freund/diese Freundin soll die Fragen für uns beantworten, aber aus seiner/ihrer Sicht von uns. Es kann sein, dass wir dabei eine positive Überraschung erleben, wenn unser Freund oder unsere Freundin uns als hoffnungsvoller sieht, als wir uns selbst sehen. Es ist eine Übung, die uns zu einer tieferen Selbsterkenntnis führen kann.

Dank
Ich möchte allen danken, die mir bei dem Hoffnungstest mit Ratschlägen zur Seite gestanden haben: Waltraud Schaffer, Margo Howe, Christoph Gnieser, Kristin Becker, Wilhard Becker, Micha Pawlitzki, Erich Krüger, Willow Toccata, die Schwarzenfelder Gruppe in der Oberpfalz und die Salzburger Gruppe. Zu sehen, welche Ergebnisse ihr bei dem Test erzielt habt und zu hören, was ihr zu den einzelnen Fragen dachtet, war sehr aufschlussreich für mich.

ulrich schaffer

www.ulrich-schaffer.com

Inhalt

Ulrich Schaffer bei Herder

Wenn die Stille spricht
Im Tagebuch sich selbst begegnen
Band 5038

Im Innehalten und Nachdenken wird das Leben voller, reicher, intensiver. Inspirierende Anregungen zum Tagebuchschreiben.

Wesentlich werden
Band 5043

Zu wissen, worauf es ankommt wird zur Lebensweisheit. Das Wesentliche zu entdecken heißt Intensität und Lebendigkeit gewinnen.

Verwurzelt wie ein Baum
oder Wachsen ins Leben
Band 5184

Ulrich Schaffer geht der Symbolkraft des Baumes nach: Poesie und Inspiration, die einlädt, in unsere einmalige Gestalt hineinzuwachsen.

In der Dichte des Lebens
Begleitbuch für alle Tage des Jahres
Band 5431

Jeder Tag hat seine eigene Stimmung, neue Möglichkeiten und sein eigenes Tempo – und ist ein Stück unseres einzigen Lebens: Gedanken und Impulstexte.

Die innere Stimme
Ein Weg zu sich selbst
Band 5438

Die innere Weisheit wahrnehmen, Bedürfnisse aufspüren, Ahnungen nachgehen: Das ist der Weg, der zu einem erfüllten Leben führt.

Augenblicke des Staunens
95 Seiten, Pappband
ISBN 3-451-28171-6

„Man müsste so still halten können, so vorsichtig hinhören und so aufmerksam betrachten, dass sich die ganze Welt auftut und man alles in ihr von innen versteht, über alle Worte hinaus.“ (Ulrich Schaffer)

Inspiration

Willigis Jäger (Hg.)
Geh den inneren Weg
Texte der Achtsamkeit und Kontemplation
Band 4862

Willigis Jäger ist einer der bedeutendsten spirituellen Lehrer unserer Zeit, tief verwurzelt mit einem kontemplativen Christentum und vertraut mit dem radikalen Weg der östlichen Leere.

Willigis Jäger
Die Welle ist das Meer
Mystische Spiritualität
Band 5046

Mystik, was ist das – ganz praktisch? Eine Sicht, die enge Grenzen sprengt und den tiefen Reichtum auch anderer religiöser Kulturen erschließt.

Willigis Jäger
Aufbruch in ein neues Land
Erfahrungen eines spirituellen Lebens
Band 5381

„Aufbruch" ist nicht allein Bild für den inneren Weg, sondern für den Mut, immer wieder Sicherheiten aufzugeben und das Wagnis einer neuen Existenz einzugehen.

Yushi Nomura / Henri J. M. Nouwen
Weisheit aus der Wüste
Band 5253

Auf dem Weg zu Gelassenheit und innerem Wachstum bieten die frühchristlichen Mönche des 4. und 5. Jahrhunderts wertvolle Orientierung.

Bernardin Schellenberger
Auf den Wegen der Sehnsucht
Zum spirituellen Leben heute
Band 5465

Schellenberger legt den Horizont der Sehnsucht offen und entwirft eine Spiritualität, die uns nicht nur bestätigen, sondern verändern kann. Leidenschaftlich – und klärend.

Dorothee Sölle
Den Rhythmus des Lebens spüren
Inspirierter Alltag
Band 5413

Dorothee Sölle geht es um glaubwürdige Antworten auf Sinnfragen der Existenz – auch im Alltag unseres Lebens. Eindringlich, unerschrocken, bewegend.

Pierre Stutz
Du hast mir Raum geschaffen
Inspiriert von den Psalmen
Band 5424

Faszination Leben: Augenblicke der Dankbarkeit neben Momenten der Trauer und der Ohnmacht. Kraftvoll sensible Meditationstexte für eine Spiritualität des Alltags.

Pierre Stutz
Zeit des Wachsens, Zeit des Reifens
Leben im Rhythmus der Jahreszeiten
Band 5453

Leben im Rhythmus der Jahreszeiten. Ein sensibles meditatives Buch mit konkreten Impulsen für Beruf, Partnerschaft und Familie und für das kraftvolle Engagement in der Welt.

Nhat Hanh Thich
Das Leben berühren
Atmen und sich selbst begegnen
Band 5442

Glück ist: jeden Augenblick ganz bewusst und tief erleben. Eine inspirierende Reise – zum Kontakt mit dem eigenen Körper, den eigenen Gefühlen und mit der Welt um uns.

Rudolf Walter (Hg.)
Gelassenwerden
Band 5078

Die innere Gelassenheit wächst, wenn man ihr Raum gibt, wenn es gelingt, loszulassen, Vertrauen zu gewinnen, das Ganze zu sehen.

Die
Hoffnung
verwandelt
zuerst den
Hoffenden.
Da
beginnt
alles.